ブッディストという生き方

―「仏教力」に学ぶ

備後國分寺住職
横山全雄

大法輪閣

【目次】

装幀　Malpu Design（清水良洋）

はじめに

生きるとは何なのでしょうか。私たちは何のために生きているのでしょうか。仏教を学びつつ、そう自問することで悩みもつらい思いも解消されることを私は知りました。

三十年ほど前に、私は仏教と出会いました。生まれた家には仏壇もなく、もちろんお寺に知り合いがあるわけでもなく。小さな頃よく連れて行かれた浅草寺で、何度もお香の煙を身体にかけられたことはよく記憶していますが、仏教になど特別縁のない、ごく普通の家で育ちました。

ですが中学三年の時、クラブ活動でも一緒だった友達がガンで亡くなりました。その日の朝私は雨音に目を覚まし、起き上がるとカーテンがひらめくのを目にしました。しかしその日は雨も降っておらず窓も閉まっていました。そして学校に行くと、その日の未明に友達が亡くなっていたことを知らされたのでした。

お葬式では弔辞を読み、四十九日の法要に参列し、納骨にも立ち会いました。そして、なぜか月命日《つき》には学校帰りに一人で友達の家に寄り、仏壇に手を合わしていたのです。それが年に一度になり、行かなくなって、忘れかけていた頃、忘れもしない大学二年の秋のことですが、高校時代の友人数人とつれだって様々な話に興じていたとき、自分がものの見方考え方を持ち合わせていないこと、何の心のより所もないことに気づかされました。

そして、その後ふと立ち寄った本屋で手にしたのが、『仏教の思想1　知恵と慈悲〈ブッダ〉』（増谷文雄・梅原猛著・角川書店刊）でした。その本にはお釈迦様の生き様、教え、仏教の基本的なものの考え方が丁寧に説かれていました。私の心に火が灯り、次から次にと仏教書を読み、仏教の独学が始まったのです。

そしてその後、縁あって高野山で出家得度し、四度加行《しどけぎょう》という初歩の修行を済ませ、インドへ旅したり、四国遍路を歩いたり。また、三年余りの短い期間ではありましたがインド・コルカタの仏教教団で南方上座部の仏教僧として過ごし、もともとの仏教とはどのようなものであったかを学びました。そして、前世からのご縁でもあったのでしょうか、備後《びんご》の国（広島県東部）に来て國分寺の住職として勤めさせていただきましても、やはり、仏教について学び思索し続けています。

阪神大震災の折には、そのときインド僧で黄衣を纏《まと》っていたのですが、ボランティアとして避難所に住み込み沢山の被災者の皆様からお話を聞かせてもらいました。夜、焚き火に手をかざし語るお年寄りたちの話は、この世は無常なのだ、苦なのだと、まさにお釈迦様の教えが訥々《とつとつ》と言葉にされていったことを記憶しています。そして、何でこんな事になったのかと誰もが思索されていました。おそらく、そうならねばその時そんなことを思い語ることもなかったことでしょう。

いま多くの方々が未だ仮設住宅に住まわれ、また故郷から離れて避難しておられる東北の人たち。大変な苦難の中にあります。亡くなられた方も行方不明者を併せると二万人に迫ろうとしています。三月十一日は、私たち日本人にとって未来永劫に忘れがたい日となりました。しかし、たとえそうして何があっても、この世の現実を鋭く見つめ、それを仏教の目からどのように見て、どう受けとめていくべきかと考えねばならないのでしょう。そこから、人として大切な何かを学びつつ生きるしかないのかもしれません。一日も早い被災地の復興を願いたいと思います。

仏教とは、供養や慰霊、癒しのためと思われがちです。ですが、教えそのものが意味あるものとして私たちの心に訴えかけるものでなければならない、そうあってこそ、その力もあるのだと思います。仏教の様々な教え、また日本人が大切にしてきた仏事、行いの一つ一つが私たちにとってどんな意味があるのか、どう受け取ったらよいのかと考えています。

本書が、仏教の基本について学び、いまをいかに生きるべきかを考えるための一助となればありがたいと思います。

平成二十四年三月　　著者識

I 仏教で生きる

仏教とは何か――他寺院での涅槃会法話

今日は、仏教とは何かというお話をしたいと思います。

私は、元々皆さんと同じように普通の家に生まれました。つまり、お寺の生まれでもなかったのですが、縁あって高野山に行き僧侶になってしまったのです。それで多分そうした私が僧侶になった経緯も関係していると思いますが、仏教とは何か、という問いをずっと引きずっております。高野山のあとインドに行って聖地を歩いてみたり、また四国を歩いたりしまして、こうして広島県の福山市にやってきて國分寺の住職にさせていただきましても、なお未だに、この仏教とは何だろうという思いをいつも自分の中で持っています。

仏教とは何か

それで今日は、この私の問いを皆さんにもお分けしてみたい、つまり皆さんにも少しそのことを考えていただいたらどうかと思っているわけなのです。

ところで今日は、涅槃会《ねはんえ》と土砂加持法会《どしゃかじほうえ》(1)をなさるわけですが、それは何の為なのでしょうか。

何をいってるんだい、ご先祖のため、過去精霊《しょうりょう》の供養の為に決まっているじゃないか、と皆さん思っておられるかと思います。その通りなのだと思います。

つまり仏教とは死後の救済を司る宗教であるということ、世界の三大宗教の中にあるわけですから当然かもしれませんが。仏教とは宗教である。これは確かなことであるようですね。

仏教とは人生哲学

ですが、ご先祖様が亡くなられたときにお葬儀をしているわけですが、それではそのお葬儀とはどのような意味があるのでしょうか。

俗に引導を渡すといわれるように、引導作法という儀礼をその中で行うのですが、どなたも亡くなれば立派な戒名(2)をいただかれるわけですよね。戒名とはつまり戒律を受けた証としての名前のことですから、その儀礼では戒律を授けられる。そしてその前に三帰依《さんきえ》をするのですが、この三帰依とは仏教徒としての資格となるものです。

つまり、来世でも仏教徒として戒を守って、しっかり生きて下さい。そして、さらに心の修行をして、お釈迦様のようなさとりを目指して精進して下さい、と引導するのがお葬儀の眼目ということになります。そうですよね。

そういいますと、死ねばみな仏、成仏するのじゃなかったの？　とお思いの方もあるかもしれません。ですが誰でもが死んで成仏するという考えは理想論といえるかもしれません。

どんな生き方をしてきても関係なく、死ねば仏になれる、成仏する、つまりお釈迦様のようにさとれるという考えは、勉強もしないのに受験すれば誰でも東大に入れるというのに等しいのではないかと思うんですね。立候補すれば誰でも国会議員になれるというのと同じです。

やはりその人の努力、立派な生き方をされた方は良いところに生まれ変わる。人をないがしろにするような生き方ばかりしてきた人にはその報いがあるという、自業自得というのが仏教の基本にあります。つまり残された遺族親族には身近な人の死によって、生きるということ、いかに生きなければいけないのかということを考えさせる意味合いというのが葬儀にはあると思うのです。

ですから、仏教とは人生について思索する、つまり哲学することでもあるということも出来るのではないかと思います。

仏教とは倫理道徳

ところで、皆さんが唱える『仏前勤行次第《ごんぎょう》』にも十善戒《じゅうぜんかい》(3)というのがありますが、これは本来の名前を十善業道《ごうどう》といって、決して何かをしなければ良いという意味合いのものではありません。つまり、善い生き方とはこういう事ですと教え、奨励する教えです。

たとえば不殺生《ふせっしょう》。生き物を殺すべからずということですが、これは殺さなければいいということではなくて、殺生の正反対にあたる慈悲の心、生き物を慈しみ育むことを教えるものです。同様に不偸盗《ふちゅうとう》は、盗みをしなければ良いというのではなくて、自分のものを分かち与えることを教えています。

また不邪婬《ふじゃいん》は、余所《よそ》の人といい仲にならなければ良いというものではなくて、生きる上で必要な欲ではありますが、満足することを知らねばならないということ、つまり少欲知足の教えですね。

不妄語《ふもうご》は嘘をいわなければいいということではなしに、真実を必要なときに語るべきことを教えています。このように仏教とは、倫理道徳でもあるということなのです。

仏教は医学にも応用される

それから、私、この土地にまいりましてからある日テレビを見ておりましたら、いまアメリカの方では医学の最前線で、具体的にはガンの末期治療に、なんと仏教の瞑想が取り入れられまして既にお医者さんが指導したりして効果を上げているのだということを紹介しておりましてびっくりしたんです。

何にびっくりしたかと申しますと、アメリカという国の貪欲さといいますか、キリスト教の国なのにしっかり仏教の核心の部分を吸収してしまっているということにです。その後、うつ病や慢性のストレス、不安障害、パニック障害を予防し再発を防ぐ心理療法としても注目されています。

私たち日本人は仏教の国のはずなのに、その核心の部分を認識せずにいる。お経を唱えてはいるけれども、本当の一番美味しいところを味わっているのかといわれると怪しいところがあります。それなのに既にアメリカの方ではそれを学問としても確立し、医学にまで応用してしまっている。これはすさまじいことだといっても過言ではない。遅ればせながら、私たちの身近にも直にアメリカ経由でその恩恵に浴せるときが来る。それまで待つことになりそうなのが誠に口惜しいという気持ちで一杯です。(4)

正念ということ

それはどんなことかといえば、皆さん良くお唱えになる『般若心経』にも「苦集滅道《くしゅうめつどう》」とある中に含まれているのです。これはお釈迦様がさとられてから初めてサールナートというところで説法を成功されたときの教えで、「四聖諦《ししょうたい》・四つの聖なる真理」という教えのことですね。簡単にいうと、

〈1・苦〉とは、苦があるという真理のことで、この苦しみ多い現実に気づくということです。

たとえ幸福に感じられることがあってもすぐに色あせ苦しみに変わっていき、完璧なことの出来ない私たちは常に不安や不満を抱えています。

〈2・集〉とは、苦には因があるという真理で、その原因は、自分がある、自分が良くありたい、思われたいという欲の心にあるのだということです。

〈3・滅〉とは、苦が滅した境地があるという真理で、苦しみがない理想の状態、つまりさとりということになりますが、それをこそ私たちは求めるべきだというのです。

〈4・道〉とは、苦の滅に至る実践があるという真理で、さとりに到達するにはどうすればよいかと具体的実践の仕方を教えています。

その実践の中身は「八正道《はっしょうどう》」といって、八つの中道《ちゅうどう》の教えとして教えられています。その八つとは、

①正見《しょうけん》（偏見や断定、先入観を改め、四聖諦をよく理解し物事の因果をわきまえる）
②正思《し》（欲や怒りの心を離れて冷静に考える）
③正語《ご》（嘘、軽口、戯言、悪口、汚い言葉を用いずに、いうべきときに真実を丁寧に話す）
④正業《ごう》（殺生、盗み、邪婬、博打など悪行を止め、なすべきことをする）
⑤正命《みょう》（自然や社会、生き物に利益となるような仕事により生計を立てる）
⑥正精進（悪い習慣を止め、善い習慣を行うように努める）

⑦正念（いまという瞬間の自らの行いや思いに気づいている）
⑧正定《じょう》（心の落ち着き、安定、安らぎ）

の八つで、この中の⑦正念というところが核心の部分であり、特に重要なのです。

正念というのは「正しく気づいている」ということで、いまここにある自分の行いや感覚、心、思い、周りとの関わり、その一つ一つに意識がきちんとあるということを意味しています。どういうことかといいますと、私たちは、このいまという瞬間瞬間にどれだけ集中しているでしょうか。心が散漫にならずに、私の話を聞きながら、たとえば帰ったら何しようかとか、早く終わらないかなとかという余計な雑念の中へ無意識のうちに心が浮遊してはいないでしょうか。いまこの時にこの場にきちんと意識があるかどうかということなのです。

いまに生きる

なぜこんなことが大切かといえば、私たちは何か心に深く引っかかること、後悔すること、何であんなことしてしまったのか、何であんなことといわれなきゃいけないのというようなことがあると、いつまでも心に引っかかって昔の嫌なことまで思い出して、この嫌なことばかりが思い出されて心がふさいでしまうということがあります。心ばかりか食欲もなくなり、夜も眠れないということになってしまいます。

それでも楽天的な人は三日もすればそんな思いもどこかに行ってしまいますが、いつまでもその思いを引きずってしまう人、皆さんの周りにもおられるのではないですか。そういう人がさらにさらにストレスを抱えて身体が思うように動かない、何でもないのに家からも出たくないということになってしまう。そのはてはうつになったり、引きこもりになったりということにもなっていきます。

そこで、仏教の瞑想法でもあるこの正念をしっかりやっていますと、いまのこの現実だけに意識があるわけですから、過ぎ去った過去の嫌なことなんかに心が惑わされることが無くなる。学校行くのもイヤだな、会社に行ってあの人の顔を見るのも嫌でしょうがないというような未来の不安や恐れに心が囚《とら》われることもなくなってしまう。いまの瞬間だけが大事になってくるのですから。『一夜賢者経《いちやけんじゃきょう》』（パーリ中部経典一三一）というお経にも、「過ぎ去った過去を追うなかれ、未だ来たらぬ未来を思うなかれ、ただ今日まさになすべきことを熱心になせ」と教えられています。

そうしていると自分というものがしっかり見えてきます。自分が分かれば周りのことも分かってくる。そして坦々《たんたん》と生きる、心がしっかりしてくれば身体も癒されていくということになります、さらに幸せを実感できる。仏教というのはそういう教えです。

ですから仏教というのは医療でもあるということがいえますし、さらには、人生の総合学であるということもいえるのではないかと思うんですね。

因果応報の教え

そこで、それではお釈迦様は在家の人たちにはどんなことを教えられたのかということを最後にお話しますと、先ほども述べましたようにお釈迦様は初めての説法をサールナートというところでしました。そこは、ベナレスという大都市の郊外にある修行者の集まる所で、五人の修行者をさとらせてから、一人お釈迦様が木陰で瞑想しておりますと、その近くをベナレスの良家の子息ヤサという青年が歩いてきます。

そのヤサは、乾季と雨季と冬季の三季に別々の家を与えられるほどの誠に恵まれた贅《ぜい》を尽くした生活に空しさを感じて郊外を彷徨《さまよ》って来てお釈迦様に出会う。そのときお釈迦様が教えられたのが施論《せろん》・戒論《かいろん》・生天論《しょうてんろん》(5)という有名な教えです。

当時のインドで贅沢な生活に空しさを感じ、また人生の目標も失ってしまっていたこのヤサという青年は、正にいまの日本の若者たちと同じような悩みを抱えていたということも出来ると思うのです。

それで、この施論・戒論・生天論ですが、自分のことばかりでなく周りの人や困っているものたちに施しをしなさい、これが施論で、自分の周りのことに目を向けてみなさいということでしょうか。そうして、五戒(6)にあるような正しい生活習慣を身につけなさい、これが戒論で、何事も自分の行い如何が大切なのだということでしょう。そして、功徳を積めば来世で天界[7]に生まれ変わることが出来ますよというのが生天論です。

つまり善いことをすればよい報いがある、悪いことをすれば苦しみがつきまとうということ。これは業論ということも出来ますが、何事にも因縁があり業[8]となり結果する、その結果がまた因となり、業となり縁を伴って果を生じるということ。簡単にいえば、些細なことでも行いに責任を持たねばならないし、その責任は自分が引き受けなければならないということを教えられているのだと思います。

逆にいえば、きちんと道徳的な生活をし、徳を積んでいれば安心して死を迎えることが出来るということになります。こういう事をお釈迦様は教えられたのです。

心を浄める

それでは本当に最後に最も簡単に仏教とは何かをお話しましょう。

漢文では、「諸悪莫作《しょあくまくさ》・衆善奉行《しゅぜんぶぎょう》・自浄其意《じじょうごい》・是諸仏教《ぜしょぶつきょう》」。

インドの言葉（パーリ語）では、「サッバパーパッサアカラナン、クサラッサウパサンパダー、サチッタパリヨーダパナン、エータンブッダーナサーサナン」といいます。

『法句経《ほっくきょう》』という短いお経の中にあります。「諸々の悪をなさず、善い行いを為《な》すこと、そして自らの心を浄《きよ》めること、これこそが諸々の仏陀の教えである」（第一八三偈）という意味です。

私たち衆生《しゅじょう》のことをインドの言葉ではサッタといいまして、サッタとは執着する者という意味です。

そして執着せる私たちが住む世界は娑婆《しゃば》などといいますが、娑婆はサハーといいまして、サハーとは忍耐を強いられるところという意味です。

つまり私たちはもって生まれてその初めから生きることに執着し忍耐を強いられている、その中で何とか善いことをして悪いことはせずに徳を積んで、心を浄めていくことを教えているのが仏教である、ということになりましょうか。

仏教とは何か、私にとりましてはまだまだ問い続けていくことになりますが、今日のところは取り敢えず、仏教とは人生の全般にかかわる教えであり、善いことをして心を浄めること、そうすれば安心して死を迎えられる、そう教えられている、とだけ申しまして、今日のお話を終えたいと存じます。

皆さん、仏教というのはとても素晴らしい教えです。どうか単に儀礼としてだけでなく、興味をもって学んで欲しいと思います。残りの人生、何をしようかという人がもしあるなら、仏教を学ぶことを是非お勧めしたいと思います。

（1）涅槃会とは、釈迦入滅を追慕して報恩の誠を捧げる法会で、釈迦涅槃図を掲げ、明恵上人作「四座講式」が読み上げられる。土砂加持法会は、光明真言を唱えて土砂を加持してその功力により亡者の得脱を祈念する法会。

（2）戒名とは、そもそも出家得度する際に僧名として命名される名前のこと。詳しくは、保坂俊司『戒名と日本人ーあの世の名前は必要か』祥伝社新書、参照。

（3）十善戒、本書一五頁にある八正道の②③④に該当する。詳しくは本書三八頁参照。

（4）既に以下の翻訳書が刊行されている。（なお、この法話は二〇〇四年四月に行った）『生命力がよみがえる瞑想健康法』ジョン・カバットジン著、春木豊訳、一九九三年八月初版発行、実務教育出版。本書は現在、北大路書房から『マインドフルネスストレス低減法』と改題されて復刊されている。『一〇分間瞑想健康法』ジェフ・ブラントリー著、増田恵里子・草川秀子訳、二〇〇六年七月初版発行、オープンナレッジ。『マインドフルネス認知療法・うつを予防する新しいアプローチ』Z・V・シーガル、J・M・G・ウィリアムズ、J・D・ティーズデール著、越川房子監訳、二〇〇七年九月初版発行、北大路書房。『ブッダの瞑想術で人生が変わる！』サミート・M・クマール博士著、大沢章子訳、二〇一〇年十一月初版発行、主婦の友社。

（5）施論・戒論・生天論、詳しくは本書九六頁参照。

（6）五戒、詳しくは本書一一四頁参照。

（7）衆生世界を仏教では三界（さんがい）といい、心のレベルに応じて区分される。外からの刺激に依存し欲が盛んな欲界、身体はあるけれども五官の刺激を必要としない色界、身体を必要とせず心のエネルギーだけで生きている無色界の三つに分ける。欲界の下から地獄・餓鬼・畜生・修羅・人とあり、その上にあるのが天界。天界は欲界の最上部から無色界までを含み、善い果報を受けた者が転生する神々の世界。

（8）業とは、本来は行為を意味するが、その行為によって導かれる善悪、苦楽の果に働く一種の力と見なされた。前世から現世、そして来世にまで相続するとして、業による輪廻思想が説かれるに至った。サンスクリット語ではカルマ、パーリ語ではカンマという。

仏教は心の教え——退職教職員組合の皆様への法話

今日は皆さんと共に仏教とはどんな教えなのかということについて考え、それから少し瞑想の実践をしてみたいと思います。

仏とは何か

こちらの本堂の御本尊は、お薬師様です。本堂の外には「医王閣」と扁額《へんがく》にありまして、医王とはお薬師様のことですが、元々二五〇〇年前のインドで医王といいますと、お釈迦様を意味していました。お釈迦様の教えは、当時の医者の診断処方の仕方と同じであった、またどんな人が行ってもたちどころにその病んだ心が癒えてしまう。そんなところから医王と、医者の中の王様であるといわれたわけです。

それで、そのお釈迦様の徳のその部分だけを取りだして、お釈迦様と似たお姿で左手に薬壺《やっこ》を乗せた仏が薬師如来ということになっています。ですから、仏教辞書などには、薬師如来は釈迦如来の別名とあります。

ところで、このご本尊様はお厨子に入ったままで、秘仏ということになっています。日本では特に美しい仏像を見るためにお寺にお参りしたり、わざわざ博物館にまで行ったりします。それなのに、結構多くのお寺が秘仏として扉を閉めています。なぜ秘仏なのでしょうか。

それは、仏様というのは形じゃないよ、ということだそうです。お釈迦様が亡くなって五百年間は仏像はなかったのですし、それまでは、彫刻などに菩提樹や仏足跡《ぶっそくせき》、法輪などを刻んでお釈迦様を表現していました。本来形に表すのはとても不遜なこと、とうてい表現できるようなものではないと考えられていました。

だから、大切なのは仏さんの心だよ、ということなのでしょう。皆さん長年学校の先生を為《な》されていれば、もう随分前から「心の時代」と叫ばれてきたことをご存知のはずです。ですが、いかがでしょうか。いまだに私たちは物や情報に振り回され、心よりも物や身体に重きを置いてはいないでしょうか。最新式の電気製品、携帯、また健康志向とでもいうのでしょうか、エステやスパとかよく分からないものが流行って、人々を虜《とりこ》にしています。

宗教に無関心な時代

ところで皆さんの家には仏壇があると思うのですが、仏壇があるということは、皆さんは仏教徒ということになると思うのですが、仏教徒という意識がありますか？　おそらくしっかりとしたそういう気持ちを持ちあわせていないのではないかと思います。仏教徒の条件といいますか、資格というのは三宝《さんぼう》帰依《きえ》ということなのですが、勤行次第などでは「帰依仏　帰依法　帰依僧」と読んでいるわけですけれど、心から帰依しているかと問われれば、それも確かではない。そんなものですよね。本当は帰依するためには、それら三宝について少しは知っていなければ帰依する気持ちにもなれないはずなのです。[1]

　つまり私たちはまったく仏教といいますか、宗教について関心が無くなっている、そういえるのではないでしょうか。それはなぜなのか。皆さんのせいではありません。

　それは江戸時代、寺檀《じだん》制度が出来て、信仰するしないにかかわらず、誰もが強制的にどこかのお寺の檀家にならねばならなかった。そうしなければ死んだ時葬式もあげられなかったんです。檀那寺《だんなでら》の住職が「この人は間違いなく私どもの檀徒です。キリシタンなんかじゃありません」と、証明してくれなければ引導も渡してもらえなかった、そういう時代がありました。

　それから、明治時代になれば、今度は神道が国の教えになってしまって、みんな神様に手を合わさねばならなくなった。そして戦後はといえば、今度はクリスマスにバレンタインで、みんな頭がおかしなことになってしまいました。宗教観なんか無くなってもしかたない時代といえるのではないでしょうか。

　ですが、それでもみんな戒名をいただかれてあの世にいく。そうですよね。戒名って何ですか？

どうして戒名を付けるんですか？　と問われても、はっきりしたことを誰もご存じない。戒名をつけるのは、死後みんなあらためて戒律を授けてもらって出家の儀礼をして、さとりという最高の幸せを求めて来世に旅立ってもらうということだと私は考えています。ですが、来世にどんな世界に行って修行するかは、やっぱり亡くなるときの心が大切になるんです。

心を制御しているか

やはり形ではなく、心が大切なんです。『法句経《ほっくきょう》』という古い経典があります。皆さんご存知でしょうか、一九五一年のサンフランシスコ講和会議において、セイロン（現在のスリランカ）の代表J・R・ジャヤワルダナ蔵相が賠償権放棄の演説に引用した、「怨みは怨みによって鎮まること無し、怨みを捨ててこそ怨みは止む、これは世の中の変わらぬ真理である」（第五偈）という偈文でも有名なお経です。

このときジャヤワルダナ蔵相は、「日本には仏教がある。長年彼らとの関係をそれによってつなぎ、諸大臣から僧侶、庶民に至る国民がいまも偉大な平和の教師（ブッダ）の影響の元にあり、それに従おうとしているという印象を受けた。だから、日本を赦《ゆる》すべての賠償を放棄する」と演説し(2)、それによってインドやパキスタンが同調して国際社会から孤立した日本は救われたのでした。皆さん、ご存知でしたか。つい六十年ばかり前の話です。

それで、その『法句経』の第一章の第一偈に、「ものごとは心より起こり、心を主とし、心よりなる。もし汚れた心をもって語り行うときは苦しみがこれにしたがう、車を引く牛に車輪が従うが如し」とあります。しかし、そういわれてもそれがどのようなことを意味しているのかがよく分からないものですね。まあ、そんなものかなぁという程度かもしれません。

たとえば、遠くにある電話が鳴り立ち上がるとき、私たちはあっ電話だ、と思った途端に足が動き歩き出しています。しかし、本当は、その一瞬の中に意識していなくても、電話の音を耳が聞き、それを電話の音だと知り、出なくてはいけないと判断し、受話器を取るために身体を運ぶために足を動かすという過程を経ているはずです。つまり、行動の初めにはきちんと心が先行しているということなのです。

ですが、そんなことをいちいち私たちは意識することはありません。それでその為に、急いで足の臑《すね》をどこかにぶつけてみたり。つまり身体の動きをきちんと意識して自分で制御していないということになります。そして、身体の動きを心が制することも出来ないのですから、何かを目にしたり聞いたり思い出したりして現れる欲や怒りの心にも私たちは気づくことなく、それらに振り回されてしまうことになるのです。

強い心とはいかなる心か

ところで皆さんは、かつて生徒たちに、強い心を持たなければいけない、なんていうことをいわれたことはないでしょうか。勉強をしなさい、横道に逸《そ》れないように強い心で立ち向かいなさい、などといわれたことはないでしょうか。ですが、その強い心とはどのような心かとお考えになったことがあるでしょうか。

たとえば、私たちには誰でも、そりが合わない人というのがいるものです。他の人なら気にならないのに、その人が挨拶でもしなかったら、何だ、と思う。なんだか自分のことをのけ者にしているのではないか、無視しているのではないか、次々に思いが膨らみます。それは怒りであり、その汚れた心のまま相手に何かいえば、どうでしょう、相手も素直な返事が出来ずつっけんどんな物いいをするかもしれません。そうしてさらに嫌な感情がつのり、苦しみがついてまわることになります。

人間は考える葦《あし》である、などといいまして、私たちは考えることは良いことだと思っていますが、仏教では、それはただ汚れた心のまま勝手な妄想を作っていると見るのです。それは弱い心であり、煩悩に占領されている状態なのです。その状態を脱するためには、自らの心を細かく知り、妄想思念が湧いてきたらそれを遮断しなければならない、それを、仏教では念・サティ（sati）といいます。いま読んだ『般若心経』にも含まれている教えです。

そして、先ほど強い心とは何かと申しましたが、この自らの心をきちんと観察し様々な思いを断ち切ることができてこそ、はじめて強い心だということになるのではないでしょうか。では、この念の力、自らの心を把握する力を強くするにはどうしたらよいのでしょうか。

実践が大切

そこで仏教では、教えだけではダメですよ、実践が大切です、というわけです。

歩く瞑想という実践があります。私は、ただ歩いていることを意識しているだけのこの瞑想のやり方をもう随分前に二十年以上前に知っていました。しかしその意味するところ、その大切さを知ったのは、在日のスリランカ人長老に聞法《もんぽう》してからですから、まだ十年ばかりのことです。

こう歩くときに「右足が上がります」「運びます」「下ろします」、「左足が上がります」「運びます」「下ろします」と心でいってから動かしていくわけです。身体の動きを心できちんと制御することを学びます。

そして坐る瞑想(3)では、心の動きや身体の感覚などもきちんと自らの心で把握し制御することを学ぶのです。呼吸するときに膨《ふく》らんだり、へこんだりするお腹の動きに、「膨らみます」「へこみます」と心の中でいいながら坐ります。何かの音に心がいったら「音」「音」と。何か思い出したら「記憶」「記憶」。身体が熱く感じたら、「暑さ」「暑さ」。各々心が移ったことを知り、言葉でそのことを確認し、またお腹の動きに心を戻します。

目を閉じ坐るとき、思ってもいなかったような様々なものが心に出てまいります。正に妄想思考記憶の類《たぐい》が押し寄せてきます。それらをきちんと知る、知って断ちきることを学ぶのです。そうして瞑想を重ね、日常にもそのことを意識しつつ実践していますと、自分の心がきちんと分かり、とても冷静で落ち着いた心でいることができます。

慈悲の瞑想と実践

ですが、ただ自分一人心落ち着き幸せになっても、周りの人たちが不幸では自分の幸せもままならないということになります。人は一人では生きていけないですから、やはり、自分が幸せで良くあるためには身近な回りの人たちが良くあらねばならない。また、そのためにはすべての生きとし生けるものも幸せであらねばならないということになります。そうして、私たちがいる、いまここにあることの恵みにも気づく必要があります。

そこで、こうした瞑想の前には、自分も含め、すべての生けるものたちが幸せであって欲しいという気持ちを養うために「慈悲の瞑想」(4)をいたします。

それでは少しご一緒に坐ってみましょう。足は片足を股の上に置き、背筋を伸ばして手は腹の前に置いて軽く目を閉じ、全身の力を抜いて下さい。そして、深呼吸をした後、一文ずつ三度唱えますから、一緒に念じてみて下さい。

私は幸せでありますように、
私の悩み苦しみがなくなりますように、
私の願い事がかなえられますように、
私にさとりの光があらわれますように
と静かに自分自身の幸せを心から念じて下さい。それから、
身近な人たちは幸せでありますように、
身近な人たちの悩み苦しみがなくなりますように、
身近な人たちの願い事がかなえられますように、
身近な人たちにもさとりの光があらわれますように
と身近な人一人ひとりの顔を思い浮かべながら念じます。そして、
生きとし生けるものたちは幸せでありますように、
生きとし生けるものたちの悩み苦しみがなくなりますように、
生きとし生けるものたちの願い事がかなえられますように、
生きとし生けるものたちにもさとりの光があらわれますように、
生きとし生けるものたちが幸せでありますように

とすべての生き物たちの幸せを念じます。

いかがでしたでしょうか、少しは仏教の世界を身近に感じ取っていただけたでしょうか。おそらくこれまで皆さんが思っていた仏教とは違う仏教だなぁ、と思われたかもしれません。少しでも興味を感じていただけましたならありがたく思います。

ところで皆さん、それぞれに人生のテーマをお持ちだと思うのですが、これから何か新しいことにチャレンジしてみようとお思いの方がありましたら、是非仏教を研究してみて欲しいと思います。仏教はとても素晴らしい興味尽きない教えです。

（1）仏法僧、詳しくは本書一〇一頁参照。
（2）ジャヤワルダナ蔵相演説、詳しくは、佐藤哲朗『大アジア思想活劇』サンガ社、五一六頁参照。
（3）坐る瞑想、詳しくは、スジャタ『見え始めたぞ！　自己発見メディテーション』社会思想社教養文庫、ティク・ナット・ハン『ブッダの気づきの瞑想』野草社、アルボムッレ・スマナサーラ『自分を変える気づきの瞑想法』サンガ、参照。
（4）慈悲とは、慈と悲の二つの心ではなく、慈・悲・喜・捨という四つのやさしい心を誰に対しても無量に拡げていくことだと教えられている。慈（Mettā）とは親友に対する友情の心であり、他者に自分同様に良くあって欲しいと思う心。悲（Karuṇā）とは他者が苦しんでいるとき困っているときに救ってあげたいと思う心。喜（Muditā）とは他者が成功し喜んでいるとき嫉妬することなく共に喜ぶ心。捨（Upekkhā）とはすべての人、生き物たちをみんな平等に平静に見つめる心。なお、この「慈悲の瞑想」は、スリランカ上座仏教長老アルボムッレ・スマナサーラ師よりお教えいただいた内容を簡略化したものです。

仏教という教えの本質について

――地元寺院結衆布教師法話

今日は、仏教とはどんな教えなのか、その本質について考えてみたいと思います。

ところで、仏教は学ぶという姿勢がとても大切なわけなんですが、仏教というのは学べば学ぶほど、その素晴らしさを感じずにはいられないものです。その第一とは何かというと、他の宗教といわれるものと絶対的に異なることがあると最近気づきました。

最高の尊格になれる教え

それは、何かというと、他の宗教では、神様でも何でも、その宗教の絶対的に上位にある最高の尊格と同じになれるとは説いていないですね。ですが、仏教は、お釈迦様は自分と同じ境地をさとればみんな阿羅漢《あらかん》(1)ですよ、阿羅漢になれば私と何も変わりませんといわれています。そして、そこにいたる為の教えをすべて隠すことなく教えられています。

もちろんその境地は、お釈迦様の教えを自ら忠実に歩んだ人だけが到達できる、いわゆる最高のさとりですから、誰でも簡単になれるわけではない。ですが、お釈迦様の時代には結構沢山の人たちが阿羅漢になっています。私たちと同じこの世に生を受けた人が、他の宗教でいえば神の位に到達できるということになりますが、そんなことを教えてくれる宗教は他にありません。みんな崇《あが》めなさい、信仰しなさいとしか教えてくれない。仏教はさとるための教え、実践の方法が体系的にすべて残されています。そこが仏教の一番凄いところではないかと思うのです。

もちろんいまの時代にもそういう高みに向けて森の中で修行に励んでおられる人たち、修行者たちはスリランカやタイ、ミャンマーなどには大勢います。ですが、私たちは、そこまで出来ませんけれども、何回も生まれ変わりしながら徳を積んで、なんとかそこに至ることを目指そうじゃないかというのが仏教の教えであって、その教えを生きる人々が仏教徒ということになります。

さとりとは最高の幸せ

難しい話をしてもきりがありませんから、ではさとりとは何かといえば、それは最高の幸せということになります。皆さんだれでも幸せになりたい。ならば最高のものを最終目標にして、目の前の日々をどう生きていくかということを教えるのが仏教です。

なんだ仏教というのは供養の為じゃないのか、法会《ほうえ》も、法事もみんな供養の為じゃないかといわれるかもしれませんが、供養になるためには、お唱えするお経に功徳がなくてはいけないわけですね。その功徳とは、そのお経を聞き、行じることで、多くの人が幸せになる幸福に導かれる、その先にはさとりがある、だから功徳がある。功徳のあるお経を唱えるから、亡くなった人に回《え》向《こう》できるということになるのです。

それでは幸せになるために仏教では何を教えているのかといえば、それは私たちの一番身近な『仏前勤行次第』に、大切なことはすべて書いてあるのです。真言宗で唱えられる勤行次第ではありますが、それは、決して真言宗だけで通用するものではありません。独特な部分もありますが、これを英語やアジアの言葉に訳せば、そのまま外国で通用するような内容になっています。

因果応報の教え

それでは、それぞれの項目ごとに、仏教の本質という観点から解説してみましょう。

まずこのタイトルですが、勤行次第とあるように、まずは日々勤め励むことが必要だということですね。私たち、どうしても怠ける習性があります。ですが、すべてのことが因果の世の中です。良いことをすれば報われる、悪いことしていればダメになるというのがこの世の中です。自業自得、因果応報ですから、勤め励む。精進という言葉も仏教語です。怠けたくてもなんとか頑張っていこう、そこに必ず結果がついてくるはずだ、因果応報という観点からは人種も肌の色も生まれも男も女もない、全くの平等な世界なんだということです。仏教はみんな平等ですよといいますが、だからこそ階級も何も簡単に否定することが出来たのです。

敬う心の大切さ

次第に入りますと、まず礼拝「恭《うやうや》しくみ仏を礼拝《らいはい》したてまつる」とあります。何を礼拝するかといえば、仏様です。仏教を説いて下さった方ですね。礼拝というのは、敬う気持ちを表すことです。「人は人から学ぶものです」と、昔スリランカの長老から教えられたことがあります。この敬う気持ちというのがあって、初めて私たちは何事かを学ぶことが出来るのだというのです。学校の先生にも敬う気持ちを持たないから、いまの子供たちは何も学びとることが出来ない、身につくのは単なる知識だけ、ということになる。敬う心、大切なことだと思います。だからこうして最初に教えられているということもできます。

それで、この礼拝文を唱えるとき、恭しく御仏を礼拝したてまつる、ですから、自然と頭が垂れるのが本来でしょう。自分の読んでいるものが自分自身の行となっているかどうかが分かります。勤行次第は自分自身のために読むのです。亡くなった人のためではない。自分の行いとして善行であるから、功徳となり回向できる。だから、供養になる。自分の行いは自分にかえってくるというのが仏教の教えです。

自分の心を観る

それから、懺悔《さんげ》「無始よりこのかた貪瞋痴《とんじんち》の煩悩にまつわれて身と口と心とに造るところの諸々の罪過《つみとが》を皆悉く《みなことごと》懺悔《さんげ》し奉る《たてまつ》」。

これは、日頃の生活を反省するわけですけれど、普通私たちの何かするときの判断の基準は、物事の原因と結果を理路整然と見て、冷静に客観的に考えるというよりも、それを無視して損か得か、楽かきついか、好きか嫌いかで決めていることが多いわけです。それが、つまり貪瞋痴《とんじんち》。三毒ともいいますが、私たちの心も身体も社会生活も破壊する毒だというのです。

たとえば、どうですか、私たちは、ついいわないでいいことをムカッときていってしまうことも往々にしてあるわけですね、みんな人間ですから。ですが、そんな時、やっぱり素直な気持ちになって反省して、つまり自分を見つめて、自分も悪かったなと思えれば、次にその人に会ったとき、そう素直にいえれば気持ちもスッキリします。

懺悔とは、だから、何でも他の人のせいにしたがる私たちの悪い癖を、そうではなくて、自分の心を素直に反省する。自分の責任をきちんと受け取る。さらには欲と怒りばかりの愚かしい自分を知る。どうしても私たちは他の人のことをあれこれいいたくなるわけですが、人のことではなく自分の心を観察することが大切なのだということを教えてくれているのです。

生きる目標を掲げる

その上で三帰三竟《さんきさんきょう》、

「この身今生《みこんじょう》より未来際《みらいさい》を尽くすまで深く三宝《さんぼう》に帰依し奉らん」

「弟子某甲《でしむこう》　尽未来際《じんみらいさい》　帰依仏《きえぶつ》　帰依法《きえほう》　帰依僧《きえそう》」

「弟子某甲《でしむこう》　尽未来際《じんみらいさい》　帰依仏竟《きえぶっきょう》　帰依法竟《きえほうきょう》　帰依僧竟《きえそうきょう》」(1)

仏法僧の三宝に帰依するということです。皆さんにとって仏法僧とは何でしょうか。仏とは、お釈迦様。幸せを求める私たちの究極の目標であるさとりを得られた人ですから、みんな幸せになりたいなら、私たちの人生の理想とでもいうべき存在が仏様ということですね。

それで、法とは、その幸せへの理想を実現するための道筋、手順、マニュアル。

僧とは、その教えを伝え行じる出家の集団をいうのですが、私たちも仏教の流れの中にあるとすると、最高の幸せであるさとりに向かって生き、共に教え励む人たちということです。

これら三宝に帰依するというのは、仏教徒の条件でもあり、これを唱えれば仏教徒になったということです。

そして、それによって、私たちの人生の生きる目標と方針が明確になったということでもあるのです。おかしなものに洗脳されず、最近のスピリチュアル・ブームですか、そんなものに惑わされず、仏教で生きる。仏教で生きるというのは、因果の法則を客観的に見ていく、その因果必然の道理を受け入れて生きるということです。

人生のために大切にすべきこと

それから十善戒、

「この身今生より未来際を尽くすまで十善のみ教えをまもり奉らん」

「弟子某甲　尽未来際　不殺生《ふせっしょう》不偸盗《ふちゅうとう》不邪婬《ふじゃいん》　不妄語《ふもうご》不綺語《ふきご》不悪口《ふあっく》不両舌《ふりょうぜつ》　不慳貪《ふけんどん》不瞋恚《ふしんに》

不邪見《ふじゃけん》」

十善戒とありますが、戒律というよりも、善い行為を勧めるものです。〇〇をしなければよいということではなくて、それぞれ〇〇の正反対の心を養い実践するための教えです。

たとえば不殺生であれば、生きものを殺さなければよいというのではなくて、慈悲の心をもって優しく人も生き物も良くあるように、たとえば人が困っているときに助けたり病にある人を看護し薬を施したり、また他の生き物を守り育んであげることを教えています。

そして、その大切な命を繋いでいくためには食べ物も着る物も必要です。不偸盗は、与えられていない物や人の名誉や権利も含めて盗らなければいいということではなく、好ましい物はなんでも自分の物にしたくなりがちですが、広く周りの人たちがよくあるように手助けをしてあげたり物をわかちあう精神を教えるものです。

不邪婬は、邪婬せずということですが、たとえ自分の伴侶といえども、情欲を恣《ほしいまま》にせず、男女に別あることをわきまえ、品行清潔を心がけることを教えています。また、酒肉を制限し食欲も物欲も慎むことがここに含まれます。

これら三つは身体の行いに関する教えであり、次の四つは口による行いの教えとなります。

不妄語は、嘘をいわなければいいというのでなしに、正直に偽らざる言葉を話すことを教えています。

不綺語は、戯言、軽口をいうことなく、話す相手を尊重して誠実に話すこと。

不悪口は、罵詈雑言《ばりぞうごん》の類など口汚く言葉を発することなく、恭しく相手を敬い話すこと。

不両舌は、他の両人を仲違いさせるようなことをしないだけではなく、逆に不和なときに友情の念から仲を取り持ち、交友や和合をすすめることを教えています。

次に心に関する教えです。

不慳貪は、貪《むさぼ》るなということですが、五官の刺激に反応する欲の心を静止することのみでなく、何事にも足るを知り少欲を心がけ他に施し、善行に篤くなるよう励むことを教えています。

不瞋恚は、怒るなということですが、たとえ他者の非道に対しても怒りを慎むこと。さらには、他を慈しみ慈悲の心をもって他を哀れむことを教えるものです。

不邪見は、私利私欲に走り正道を外れることなく、この世の中の道理を弁《わきま》えること。善悪の行為が三世に因果応報である理《ことわり》を知り、善行為に励むことを教えているのです。

このように十善戒は、いのち、もの、人間関係、社会、信頼、品格、和合、少欲、慈悲、理性など私たちが生きる上で大切なことを教えてくれています。それらが、すべて表現されていると考えて、改めて吟味してくださるとよいと思います。

さとりへの宣誓

そして、発菩提心真言《ほつぼだいしんしんごん》。「オン・ボウジシッタ・ボダハダヤミ」と唱えますが、これは「さとりを求める心を起こしたり」という意味です。この真言を唱えて、菩提、つまりさとりを求めますと仏様に宣言するものです。私はさとりを求めます。それを人生の目標にしますと仏様に向かって、それもインドの言葉で唱えるのですから、仏様にそのまま宣誓しているのです。仏様の側からしたら、「よういった」と受け取られているのではないでしょうか。あまり皆さんそんなことを考えずに気楽に唱えていることでしょうが。

だから次に三昧耶戒《さんまやかい》真言がきて、「オン・サンマヤ・サトバン」と唱えるのです。「われは仏と一体なり」という意味です。決して、到達できないものとしてではなく、つまり他の宗教のようにただ崇めるものとして崇拝するだけの存在ではない仏様を自分の中できちんと意識して生活するということです。

心経と諸真言

それから開経偈《かいきょうげ》という偈文《げもん》を唱えます。

「無上甚深微妙法《むじょうじんじんみみょうほう》　百千万劫難遭遇《ひゃくせんまんごうなんそうぐう》　我今見聞得受持《がこんけんもんとくじゅじ》　願解如来真実義《がんげにょらいしんじつぎ》」と唱え、果てしない時間を経てやっといまここにこのお経に巡り会えたという感激のもとに、このお経を自分の教えとして受け取り、深く理解致しますと述べるのです。それから『般若心経』(2)を唱えます。

心経は、「空《くう》」の世界観を説き明かす経典ですが、お釈迦様の根本教説を記し、それによって「空」の何たるかを教えようとしています。「空」とは、この世のすべてのものは絶えず変化し無常なわけですけれども、それは他の様々な支えや影響のもとにあるからで、すべてが相互に依存し、他によって存在せしめられている。つまり、そのものだけで存在しているものなどなく、実体あるものではないということですね。だから、そのあり方をただありのままに見て何事にも執着することなく、私たちの生き方を少し考え直してみよう、さとりということを意識して生きよう、と教えられているのです。

それから十三仏の真言、光明真言(3)など諸真言を唱えますが、これらは、インドの言葉そのままをお唱えして、それらの仏様の徳に随喜して功徳を得るのです。

生きとし生けるものが幸せでありますように

このあと、祈願をして回向《えこう》をします。

最後に唱える回向文《もん》は、「願以此功徳《がんにしくどく》　普及於一切《ふぎゅうおいっさい》　我等与衆生《がとうよしゅじょう》　皆共成仏道《かいぐじょうぶつどう》」と唱え、ここまでお唱えしてきた読経の功徳を自分だけのものとせずに、みんながあって自分があるわけですから、一切の生きとし生けるものがより良くあることを願ってその功徳を手向《たむ》ける、つまり回向するのです。

それはあくまでも、この勤行次第を唱えた人自らにとってプラスになることがたくさんあるからであって、それは意識するしないにかかわらずあります。ですから、勤行次第を読むことは、仏道を受け入れ、そのまま学び行ずる、それによって一日一日さとりに近づいていく行為だということになるのです。このように、日々勤行次第を唱え功徳を蓄《たくわ》えて、一生でも早くお釈迦様のところに到達するようともに励んでまいりましょう。

仏教経済とは

ところで、仏教は平等や慈悲、寛容の教えです。だれでもが頑張れば幸せになれる、生きとし生けるものすべてがよくあるようにと考える教えです。こう申しますとこの厳しい経済社会では役に立たないという人もいます。

哲学思弁ではなく、食うか食われるか利潤を優先して他を圧倒するべき力学を説く宗教の方がいまの時代に適しているかの如くいわれてきました。それによって物質的な繁栄をもたらし豊かな生活を享受している私たちではありますが、しかし、だからこそ、いま世界的に感染病や異常気象、大規模災害、様々な格差、環境問題が生じているのではないでしょうか。

仏教の説く経済はエスキモーの狩猟生活のようなものなのかもしれません。多く蓄えることなく自然界の生き物を大切に育みながら、必要なものだけを頂戴する経済です。なるべく自然にかなうよう、搾取《さくしゅ》よりは分配共生、競争よりは共存共栄、瀟洒《しょうしゃ》よりは清楚《せいそ》清貧《せいひん》を求める。

何のおもしろみもないものなのかもしれませんが、それが本当は未来永劫私たちの生きる地球を大切に優先した、半永久的に繁栄可能な社会なのではないでしょうか。生まれ変わり生まれ変わりして私たちがさとりに到達するまで、この人間社会がずっと存続するためには、未来永劫繁栄可能な仏教経済こそが必要なのだといえるのではないかと思います。

（１）阿羅漢並びに仏法僧については、本書一〇一頁参照。
（２）般若心経、本書一九一頁参照。
（３）十三仏とは、室町時代に形成された人の死後初七日から三十三回忌までの忌日に配当した各回忌本尊のこと。初七日までが不動明王、二七日は釈迦如来、三七日は文殊菩薩、四七日は普賢菩薩、五七日は地蔵菩薩、六七日は弥勒菩薩、七七日は薬師如来、百か日は観音菩薩、一周忌は勢至菩薩、三回忌は阿弥陀如来、七回忌は阿閦如来、十三回忌は大日如来、三十三回忌は虚空蔵菩薩。また、光明真言は大日如来の真言ではあるが、一切諸仏菩薩の総呪ともいわれる。「オン・アボキャ・ベイロシャノウ・マカボダラ・マニ・ハンドマ・ジンバラ・ハラバリタヤ・ウン」

なぜお釈迦様はやさしい心でいられるのか——福祉施設での法話

今日は、お釈迦様の心についてお話をしてみたいと思います。

ところで皆さん、こうして僧侶の話を聞きにお越し下さって、ありがたいことなのですが、話を始める前に、何かご質問のある方がありましたらお聞きします。何かございませんか。

仏教は問いから始まる

突然何をいい出すのかとお思いかもしれませんね。実は、昔僧侶になる前のことですが、何も分からずにチベット仏教の瞑想会に参加したことがあります。そのとき、講師のラマ僧が登場されると、開口一番「まず何か質問があったらいって下さい」とだけいわれて沈黙されてしまったのです。若気のいたりで一番前に座っていたこともありまして、それはとても緊張を強いられる数分間でした。その後、そのラマ僧さんから、仏教とは問いから始まるのですということを教えてもらいました。お経でも、みんなそういう形式になっています。お釈迦様に誰かが何かを質問して、お答えになられた記録がお経です。つまり、話を聞いているだけではだめだということなのです。ですから、お釈迦様ご自身がやさしいお顔で微笑みながら、皆さんからの問いかけを待っておられるということなのかもしれません。

どう生きたらよいのか

ところで、いまという時代は、どうもやさしさというものを喪失した時代ともいえるのではないでしょうか。学校にしろ会社にしろ、いじめというものが、ますます横行しています。差別し、他をのけ者にして、優越感にひたる人があります。大人の世界でも、派遣、請負、非正規社員という言葉が、少し前からですが新聞紙上を賑わせているのが現状です。

インド・サールナートの釈迦像（初転法輪仏）

下流社会、勝ち組負け組。それでいて、痛みを分かち合いなさいといっていました。貧乏人からもドシドシ税金を搾《しぼ》り取る、さらに社会弱者の生活保護も削減しようというのですから、国家自体がやさしさをかなぐり捨てたといっても過言ではないでしょう。

ですが、こうして、共に生きる私たちはその影響を受けずに、やはり穏やかに暮らしたい、誰もがそう思うはずです。縁あってともに暮らす人とは安らぎの中で同じ時を過ごしたい。なかなかそれも難しいことですが、ではどうすればよいのでしょうか。

アングリマーラの改心

お釈迦様のお話をしましょう。いまから二五〇〇年前のインドの話です。コーサラ国のパセーナディ王が統治する領土にサーヴァッティ（舎衛城《しゃえじょう》）という大きな街があり、その近くのジェータ林にあるアナータピンディカ園（祇園精舎《ぎおんしょうじゃ》）にお釈迦様がおられたときのことです。(1)

そのころサーヴァッティには、アングリマーラという残忍で無慈悲に人や生き物を殺し、その指を輪にして首にかけた凶賊がありました。お釈迦様は、托鉢の帰りしなに誰も近づかないそのアングリマーラの居るところへと歩を進めます。街を歩くときは街の誰もが十人二十人と連れだって歩くのに、たった一人でお釈迦様は静かに歩いていきます。

そのことを知ったアングリマーラは、誰か知らんが一人の沙門《しゃもん》（出家修行者）が命知らずにもこちらに来るではないか、後ろから追いついて命を奪ってやろうと考えて追いかけます。

ですが、行けども行けどもお釈迦様に近づくことができません。そして思わず、アングリマーラは立ち止まって「そこの沙門、止まりたまえ」と声を掛けます。するとお釈迦様は歩いているのに、「私は止まっている。そなたこそ止まりたまえ」といわれる。その問答にすっかり頭の混乱したアングリマーラは、沙門のいうことには何か意味があるであろうと考えて問い質《ただ》します。するとお釈迦様は「私は、いかなる生き物をも害する心が止んでいる。しかるにそなたは生き物を害する心が自制なくとどまっていないのだ」と答えます。その言葉に、はたと自分の行いを悔い改める心がアングリマーラに起こり、お釈迦様の教えに生きることを誓い、すべての武器を捨てたのでした。

お釈迦様は彼をアナータピンディカ園に連れて帰り出家させ、比丘《びく》(2)として遇します。そこへ通報を受けて駆けつけたパセーナディ王が五百頭の騎馬隊を率いてやってきました。王は、「アングリマーラを捕らえるために来ました」と告げました。

すると、お釈迦様は、「もしもアングリマーラが髪を剃り、黄衣を着けて出家し、殺生を離れ、戒を守り教えを実践するのを見たならばどうなされるであろうか」と問います。すると王は、「彼を礼拝し、座をもって招き、衣や食事を与えるでしょう。しかし彼は凶悪なる殺戮者《さつりくしゃ》であり、そんなことはあり得ようはずはない」といいました。

そこでお釈迦様は近くに座っていたアングリマーラを指さして、「彼こそがあのアングリマーラである」というと、パセーナディ王は驚き、「誰も、何十人もの人が棒によっても剣によっても取り押さえることのできなかった者を、このように何も用いずに心を鎮め、改心させてしまわれるとはなんと不思議なことであるか」といい残し、お城に帰って行きました。

アングリマーラのさとり

そして、ある日アングリマーラが托鉢していると、ある女性が難産で苦しみもがいていました。なんとかしてあげたいと思い、お釈迦様にお尋ねすると、お釈迦様は、「ご婦人よ、私は生まれて以来、故意に生き物の命を奪ったことはない。その事実によってあなたは安らかになりますように」と唱えなさいと教えます。

それでは嘘をいうことになるとアングリマーラがいうと、それでは「私は聖なる生まれによって生まれて以来、故意に生き物の命を奪ったことはない。その事実によってあなたは安らかになりますように」と唱えるように諭《さと》され、翌日その通りに、アングリマーラがその婦人の前でいうと、女性も胎児も安らかになったということです。

また、托鉢に出ていると、石を投げられたり、棒で叩かれたりしたこともありました。そんなとき、お釈迦様は、頭が割れ血を流すアングリマーラにいわれました、「そなたは耐えなさい。そなたが地獄で数年、数百年、いや数千年にわたって受けねばならない業《ごう》の果報を現世において受けているのであるから」と。

そして、アングリマーラは一生懸命修行し、最高のさとりを得て、阿羅漢となり解脱したということです。

教誡の奇跡

本来なら捕らえられ、罪を認め処刑されねばならなかったところを助けられたのですから、それは本気になって修行に励んだのでしょう。それによってさとりを得られた。石を投げられたり棒で叩かれるといったアングリマーラが受けた報いは当然のことでありました。

このように、どんなに獰猛《どうもう》で凶悪でたくさんの人や生き物を殺した者であっても、お釈迦様は怖れの心も怒りの心も持つことなく、やさしい心で接せられ、教え諭《さと》されました。こうして更正させ、さとりにまで導いてあげたのです。

普通の宗教だったら、洞窟にでも幽閉して閉じこめてネズミにでも変えてしまう神通力を現したといいたいところですが、そうはならないところこそが仏教なのです。教誡《きょうかい》の奇跡こそが最高の奇跡であると仏教ではいいます。

お釈迦様だから出来たことなのかもしれませんが、お釈迦様には、初めからそのすべてのことがおそらく分かっておられたのでしょう。つまり、アングリマーラはさとれるということが。そして、そうして悪行をはたらかねば、お釈迦様に出会い、教えを受け、さとりを得ることもなかったのだということが。

因縁ということ

勿論、だからといって、犠牲になった人たち生き物たちが亡くなって当然であるというわけではありません。しかしそれも因縁として仏教では説明しなければならないことなのです。今生での因縁ばかりか前世での、いやもっと何回も前からの過去世の因縁のなせる果報なのであると。

そう考えなければ説明のしようがないのです。その時のあなたが悪いわけではない。何回も前の過去世の悪業がこの時に報いて結果した、しかしそれによって生まれ変わったところは、おそらく悪業が消えた、より良いところに生まれ変われるのではないかと、このように考えるのでありましょう。

すべては因縁で成り立っています。すべてのことに因縁ありともいいます。すべて原因と様々な条件によって結果があり、その結果がまた原因となる。

お釈迦様は神通力で、その人の過去そして未来が見えてしまわれたといわれます。アングリマーラに会う前から既にそのことが、だから分かっていた。それで、わざわざアングリマーラの居るところへ歩いていき、改心させて、僧院に連れて帰り、修行させたのでしょう。

因縁を見る

その人の因縁を過去も未来も見えてしまわれたら、おそらくその人に対しての怒りやら怖れやら欲やらといったものはすべて無くなってしまい、やさしい慈しみの心で接せられるようになるのではないかと思います。だからいつもお釈迦様はやさしい慈愛の心でいられるのでしょう。しかし、もちろんそれは、私たち凡夫には、そう簡単なことではありません。

ですが、何か怒りの心で接してこられたり、いいがかりをつけられたりしても、どんな悪口をいわれても、つっけんどんに何かいわれても、馬鹿にされても、のけ者にされても、意地悪されても。そういったり、したりするその人の因縁を見るように心がけるだけで、そうそう腹を立てることも出来なくなって、そうですかね、と冷静に笑っていられるようになるのではないでしょうか。そしてやさしくなれる。

たとえば、夫婦げんかというのも、夫婦だから腹が立つこともありますが、同じことを他人からいわれたら大変なことになるのに、別にたいしたことなく受け流したりも致します。それは、ああまたかと、その相手のことをよく分かっているから、そうですかと、そういう気持ちになるわけです。

ですから、他人であったとしても、その人の過去のすべての色々なことがそういわせているのだと思えば、何か理解できるといいますか、しかたないか、かわいそうだなという気持ちにもなってくるのではないでしょうか。

すべてのことに意味を見いだす

それから、何事もこの因縁ということから物事を見ていきますと、とてもしっかり生きられます。何か意味のあることだと思えます。いい加減な気持ちで何事も出来なくなる。一つのちょっとした仕事でも大切なことであると思える。

なぜなら、過去の様々な一切のことの積み重ねでいまがあるからです。いましていることも、思うことも、考えることも、これまでの過去のすべての集積したもののほとばしりとしてあるという気持ちにもなってきます。

だから、ありがたい、一期一会《いちごいちえ》ともいいます。「私たち人間とは何か」と問われれば、因縁なんですね。「これが私」といえるようなものは何もない、因縁が私であるとそのように考えます。だから簡単に変われない。

そして、冒頭に話をした国というものも因縁で説明できます。過去の様々なものごととの関係によって、そしていまある様々な条件の下で成り立っています。ですから、簡単ではない。私たちが一朝一夕に方向を変えることも出来ない。

因縁とは、縁起の法ともいいますが、仏教は縁起の法であるともいいます。仏教とは因縁を説くものともいいます。

ですから、大切なのです。この因縁ということを常に意識して、誰に対してもやさしく、過去がみんな結実したいまを大切に、また様々なことをこの因縁ということから考えて、やさしい心でお過ごしいただきたいと思います。

（1）片山一良訳『パーリ仏典中部中分五十経篇二』第八六「アングリマーラ経」大蔵出版、参照。
（2）比丘（びく）とは、仏教僧を意味するパーリ語のビック（bhikkhu）を音訳した語。乞食（こつじき）せる者との意で、もともと生産活動をせずに修行に勤しむ僧侶の食は主に托鉢によっていたため、このような名が付いた。性交・偸盗・殺人・偽ってさとったという事を極重罪と定めた四波羅夷法など二二七の具足戒を受けた男子を比丘という。

お釈迦様は私たちにチェンジを求める　―団体参拝者に向けての法話

今日は、少しやさしい仏教のお話をしてみたいと思います。

一口に仏教といいましても、そもそも仏教というものがなかなか捉えにくいものです。何をもって仏教というのか、皆様と私とで、たぶん仏教のとらえ方が違うのではないかと思います。

仏教は科学的？

今日、日本の国で仏教というと、葬儀仏事と結びつけられて、死者のための儀礼としてしかその役割がないかのように感じます。皆様も仏教というと拝むもの、お唱えするもの、信じるものという印象が強いのではないでしょうか。

ですが、もともとのお釈迦様の教えは、本当はとても科学的論理的な教えでした。たとえば、その昔インドで医王というと、お釈迦様を指していました。お釈迦様のところに行くと誰でも心も体も癒されてしまう。その説法も医者の診断の仕方に則ったものだったといわれています。だから医王といわれたのです。

それで、どんなことをお話しになったかというと、私たちが生きるとは何か、なぜ苦しむのか、幸せとは何か、いかに生きるべきかということを諄々《じゅんじゅん》とお話しになったのです。今日はそのあたりのお話をしてみようかと思っております。

なぜ仏様の前でお経を唱えるのか

ですが、まずはとりあえず、身近な話から入っていきます。先ほど『般若心経』一巻をお唱えしました。本尊様を前に唱えたわけですけれども、なぜ仏様の前でお経を私たちは唱えるのでしょうか。お経ばかりでなく、真言とか、念仏とか、題目、やはり仏様の前でお唱えしますね。なぜでしょうか。仏様に聞かせてあげるんだと思っている人はありますか。仏様がお経を聞いて勉強されるのでしょうか。ですが、仏様の方が私たちよりお経のことはよく知っているはずですよね。仏様が喜ばれるからという人もあるかもしれません。そうですね。私たちがお経を上げると仏様は喜ばれる。なぜでしょうか。自分が説法したことの記録であるお経を後世の信者たちが唱えてくれるからでしょうか。

私が思うには、私たちがお経を唱えて、教えを学んだり、また唱えて心が鎮まり清らかになる、それを仏様は喜ばれるのではないかと思うのです。

ですから、仏教とは、ただお唱えしたり拝んだりするものではなく、やはり、それによって教えを学び、行いが正され、少しでも心が静まり落ち着いた心になる、つまり、自分がよい方に少しずつ変わる、いまの言葉ではオバマ大統領ではないですが、チェンジですか。それが大事なことなのです。どんなに山に籠もったり、断食をしたり、たとえ滝行をしたといっても、その人が変わらなければあまり意味がない。

信仰ということ

それでたとえば、皆さんの中には、私は美しい端麗な観音様や可愛らしいお地蔵さんが大好きです、信仰していますという人もあるかもしれません。ですが、手を合わせ信仰して、きっと助けてくれる、救ってくれると、礼拝し信じるだけでは、あまりその人自身は変わっていかないかもしれません。かえって、考える力を失うことにもなります。

ですから、信仰崇拝するよりは、観音様とは、お地蔵様とは、どのようなお方なのか、その教えを学び、自分も観音様のように生きようと励まれると、自分も幸せになり、周りの人たちにも御利益《ごりやく》がある。ただ救ってくれると信じているよりは自分できちんとどうすべきか考える人になれる。

このことが結構大切なことです。特殊な信仰に入るような人はだいたい上の人たちの意向で動く。全く自分の考えがありません。それではいけないんですね。やはり自分が判断できなくてはいけないのです。

教誡の奇跡

関連しまして、いま、スピリチュアル・ブームですね。スピリチュアルとは霊的なとか精神的なという意味です。オーラが視《み》えたり、人の過去世が視えたり、目には見えない気やエネルギーを察知する能力があったり、予言してみたり、亡くなった人の霊と話ができたりする人がもてはやされています。皆さんもよくご存知ですね。

ですが、その人が、オーラが視えても、前世が分かっても、亡くなった人のことを聞けても、それだけでは、私たちは幸せにはなれない。つまり、変われません。ますます特異な能力のある人にやはり依存して、いわれたことに従うような、心の奴隷になってしまいます。

それで、仏教ではそのあたりのことをどう考えるかと申しますと、お釈迦様はどうだったのかということになりますが。お釈迦様の奇跡、あまり聞いたことないかもしれませんが、本当は、ものすごい神通力《じんずうりき》、いわゆる超能力があったわけです。当然のことではあるのですが。

お釈迦様は、空も飛べたし、天界に行ってみたり、神々と話をしてみたり、会った人の過去世も、未来なども見えてしまった。遠く離れたところのものを見たり聞いたり、人の心も分かったし、ナーガという蛇の鬼神を簡単に退治したり、他の修行者たちの心を開かせるために、教団の草創期にはかなりなされたようです。

ある修行者たちとの神通力の競い合いがあったときには、足が水になり、体が火になって空を飛んだ(1)ともいわれています。しかし、膨大な経典の中にはあまりその手の話は出てこないのです。お釈迦様のことを単なる超能力者と見なす人もいないのですが、とにかく沢山の人から尊敬されていた。

それは、お釈迦様はそうした超能力はよいことではない、そんなもので人は幸せにならないと考えられて、教誡《きょうかい》の奇跡こそ最上のものだといわれたからなのです。教誡とは、教え誡《いまし》める、つまり人の生き方を変えてしまうことです。

この世の真実を教え、智慧を生じさせ、その人の生き方が変わることです。どう変わるかというと、当時の新興仏教に対抗心を燃やすバラモンたちも沢山訪ねて来てはいろいろと問答をするのですが、結局はみんなお釈迦様の話に引き込まれ改心して弟子になったり、すぐにその場で初歩のさとりを得られて弟子となり出家をしたりしています。

チェンジということ

それで、実は何を隠そうこの私も変わった口なんです。私の場合は、一冊の仏教書と出会い、人生が変わりました。その本には、お釈迦様の生き様と教えが克明に書かれていました。

東京の普通の家に生まれて、お寺との縁も何もなかったのですが、大学二年の時、ある大学の門前で友人と会い、その時の会話がきっかけとなり仏教と巡りあいました。その後、縁あって高野山にのぼり専修学院[2]という専門道場で修行をし、帰ってきて東京のお寺で役僧《やくそう》として仕事をしておりました。

そんなある日の夕方、一生懸命本堂の床を雑巾がけしていましたら、その寺は私がそもそも仏教に興味を持つきっかけとなった、あの時友人と会った大学の真ん前にあるのだと気づきました。その瞬間、走馬燈のように過去の出来事が頭にひらめいて特殊な体験を致しました。

様々な人生の瞬間瞬間のつまらないようなことの積み重ねのすべてにとても意味があり、それらの人生の岐路に立って一つも間違わずに選択していまここにある。仏教の言葉では因縁、縁起といいます。すべてのことに原因があり結果する。偶然などというものはなく、すべての物事があるべくしてある、ここにいまあるためにこれまでのすべてのことがあったと思えました。そして、いまの行いが次の自分、将来の自分をつくってい

高野山専修学院生のころ（著者・後列一番左）

くのです。

いまという尊い瞬間

ですから、皆さんも今日こうしてここに来て、この話を聞くために皆さんのこれまでがあったということも出来ます。大げさないい方かもしれませんが、もちろん、それがどれだけ明日からの人生に影響を与えるかはまた別の話ですが。私はといえば、私の人生はいまの瞬間としては、皆さんにこうしてお話をするためにあったということも出来ます。

つまり、いまという瞬間がとても尊く大切だということでもあります。また、別の見方をすると、それは私たちは変われるということでもあります。いまの自分がどんなに辛くても、自殺したいほどに苦しくても、また劣っているように思えても、次からの一つ一つの行いによって変わっていけるということです。占い、などというものがあります。運命的なことをいわれることもあります。しかし、それさえも変えられるものです。

それから、そのとき、いまの自分、それを支えてくれている人たちやものすべてがとても尊く感じて、ありがたいと思えました。目に見えるもの耳に聞こえるもの、すべてがとても意味がある、いまこうして私が目にするためにそこに存在してくれている、それぞれがとても得難い因縁の元にそこにあると思えました。

いまが自分を変えていく

信じれば救われるというようなことをいう人もあるかもしれません。ですが、信じるだけでは依存するだけで、奴隷になるだけなのではないでしょうか。自分とは何か、生きるとは何かということをお釈迦様はお話しになった。自分が生きるということをきちんと自ら考えられる。元気はつらつと、いまという瞬間に意味を感じしっかり生きる。教えによって、そういう自分に変わる。それが教誡《きょうかい》の奇跡です。

いまという尊い瞬間を大切に生きる、自分を変えられるのはいましかない、いまに専念する。過去のいざこざ、失敗したようなことに思い煩《わずら》うことなく、未来のことにうつつを抜かすことなく、いまに生きる。それがまた心静まり、清らかな心を作ることにもなります。皆さんも、是非、仏教に学び、すべての過去の行いの集積としてのかけがえのない、いまという瞬間に意味を感じて生きて欲しいと思います。いまの瞬間の積み重ねが将来の自分を作っていきます。自分こそが自分のあるじなのですから。

時代が変革を求め、私たちの生活も少しずつ変わっていくことでしょう。様々なものの認識も変わる。何もかも与えられるものに満足させられ、引かれた線路を歩んできた時代が変わりつつあります。

宗教や仏教に対する認識も変わることでしょう。自らが選択し自らが求めて確認し、より深く意味あるものとなったとき、既に皆さんも変わっていることでしょう。

自分が変われば周りの世界も変わります。チェンジこそ、お釈迦様の私たちに向けたメッセージだといえましょう。

(1)ディヴヤ・アヴァダーナ十二、根本説一切有部毘奈耶雑事二十六。アヴァダーナは、お釈迦様の前世物語であるジャータカと同様に仏教の伝承説話の一つ。仏弟子や信徒たちの物語が中心ではあるが、関連してお釈迦様の言行録、奇跡譚が物語られている。

(2)専修学院とは、寶壽院に併設された真言僧侶養成のための専門道場。一年制で、一学期は主に教学の勉学と経文、声明などの修得に当てられ、二学期は四度加行など一日三座百日間の修行過程が厳修される。三学期は、主に様々な諸尊の修法、儀式儀礼の作法伝授が行われる。高野山壇上伽藍の西側に位置する。

『「死ねば皆、仏様」誤解』を読みながら——老人会いきいきサロンでの法話

今日は皆さんと、人生について、人の生き死にに関連して、いろいろと考えてみたいと思います。読売新聞のコラムに【見えざるものへ】という連載があります。その中から、今年（平成二十二年）一月二十九日の記事を読みながらお話をさせていただこうと思います。このコラムは末木文美士《すえきふみひこ》（現・国際日本文化研究センター教授）さんという仏教学者が書かれています。『「死ねば皆、仏様」誤解』とありますが、丁度この日の晩に檀家さんの七日参りに行きましたら見せて下さって、「こんなこと書いてありますが、これでいいんですか」と問われました。突然のことでしたが、「これでいいのです……」などとお話したことを憶えています。それでは早速一度読みながら解説していきたいと思います。

（平成二十二年一月二十九日読売新聞）見えざるものへ——末木文美士

「死ねば皆、仏様」誤解

民主党政権となって、政治のニュースに事欠かない。事業仕分け、沖縄基地問題、日米密

約から鳩山献金問題まで、政府と民主党がらみの話題が新聞紙面を賑《にぎ》わせている。その中で、小沢一郎幹事長（当時）のキリスト教発言もいささか波紋を呼んでいる。

ことの起こりは、昨年十一月に小沢氏が高野山を訪れたことで、それ自体異例のことであったが、それよりも大きな問題となったのはその後の記者会見だった。そこで氏は、「キリスト教もイスラム教も非常に排他的だ。その点仏教は非常に心の広い度量の大きい宗教、哲学だ」などとキリスト教を批判し、仏教を持ち上げた。それに対してキリスト教団体が抗議をすると、改めて会見で「（仏教では）死ねば皆、仏様。ほかの宗教で、みんな神様になれるところがあるか」などと述べて撤回を拒否し、十二月にも同趣旨の発言を繰り返した。

ちょっと意外なことだが、日本の政治家はしばしば重要な場面で日本の宗教に拠《よ》りどころを求めた発言をしている。中曽根康弘首相（当時）は、国会の施政方針演説で「仏教思想」の「山川草木悉皆《しっかい》成仏」を持ち上げた。森喜朗首相（同）は、日本が「天皇を中心としている神の国」と発言して、批判を浴びた。小泉純一郎首相（同）は、靖国参拝に際して、「日本人の国民感情として、亡くなるとすべて仏（神）様になる」などと、その宗教観を披露した。

そのような発言に対して政治的な観点から批判がなされることがあっても、それらが日本の宗教を正しく理解しているかという肝腎《かんじん》の点に関しては、ほとんど検討されることがなかった。ところが、実はこれらの発言は、いずれも日本の宗教を誤解している。「山川草木悉皆成仏」という言葉は古典に見えない新造語で、正しくは「草木国土悉皆成仏」でなければならない。日本が「天皇を中心としている神の国」と考えられたのは明治の国家神道によるもので、それ以前には一般的ではなかった。人が死んで神となるのは、古くは菅原道真のように、恨みを呑んで死んでいった人だけで、一般の人が神となれるわけではなかった。

それでは、小沢発言はどうであろうか。それが日本では少数者のキリスト教徒への配慮を欠くという批判や、日本の仏教や神道も、キリシタン弾圧や国家神道に見られるように寛容ではないという批判は随分見かけた。確かにそのような批判はもっともなことではある。しかし、小泉発言にも通ずる「死ねば皆、仏様」という理解も実は問題があることは、あまり注意されていない。

そもそも日本以外の仏教では、仏は特別な存在であるから、誰でも死んだら仏様になるなどということはありえない。それ故、それを仏教の一般的な特徴とすることはできない。日本でも、そのような観念が広く普及したのは近世頃からで、決して古いことではない。近世以後でも、もう一方には悪いことをすれば地獄に堕《お》ちるという観念があり、それが道徳的な歯止めとなっていた。

確かに、誰でも仏となる可能性を持っているという「仏性」の観念は、最澄以後、日本仏教の共通の基盤となった。しかし、それさえも広く受け入れられたのは東アジアの仏教だけであり、東南アジアやチベットの仏教では認められていない。日本人は、ともすれば仏教というと何でもありのルーズな宗教のように考えがちだが、決してそうではない。誤解の上に立った自国賛美はきわめて危険である。

（すえき・ふみひこ　仏教学者）

いかがでしたでしょうか。どんなご感想をお持ちになられたでしょうか。こういう内容について話題にされたというのはとてもいいことなのですが、その先が書いてないですね。死ねばみんな仏様、というのが誤解なら、では死んだらどうなるのかということが書かれていません ね。やはり仏教本来の知識、世界の仏教徒の常識についてきちんと触れなくてはいけないのではないかと思います。死んでも終わりではない、その行いによって六道に輪廻《りんね》するということを書かなくてはいけないのではないかと私は思います。

それから、小沢氏の話に関連すれば、仏教は平和な教えだということ、その通りなんですから、自信を持って仏教学者ならきちんといって欲しい、そう思います。

また、冒頭で小沢氏が高野山に訪れたこと自体が異例ともありますが、昔は時の為政者などがお寺神社に参るのは当たり前のことでした。特に、今回の訪問は、そのあと高野山の松長管長が全日本仏教会会長としてダボス会議(1)に招待されていることもあっての訪問だったのでしょう。

輪廻ということ

そこで、死ということからいろいろと、縁起でもないといわずに考えていきたいと思います。生きている限り死から逃れられないのですし、お釈迦様も生老病死を見つめよといわれています。ところで、皆さんは死んだらみんな仏様だと思っておいでてしたか。それとも、やっぱりそんなうまい話あるはずないと思っておられたでしょうか。

数年前に國分寺にミャンマーから仏教徒が来たんです。そのとき丁度仏教懇話会があり、檀信徒に何か一言お話をといったとき、このことをいわれました。何も打ち合わせしたわけでもなかったのに、「私たちは死んで終わりではない、行かなくてはならない来世《らいせ》がある。行いによっては地獄・餓鬼・畜生・修羅の世界に行く。人間に生まれてもいろいろなところがある。だから沢山功徳を積んで瞑想などして心を清らかにすることが私たち仏教徒の務めです」と話されました。

その人生の行いによって、つまり業に応じて輪廻するのです。業には善業も悪業もあるわけですが、私は坊さんになるとき、先輩のお寺さんからあなたは業が深いんだねといわれました。善悪の業があると知らない人には嫌みに聞こえることなのでしょうが。その業の集約されたものとして死ぬ瞬間の心があり、そのときの心に応じて死後ふさわしい来世に転生するといいます。

輪廻を肯定してなされていること

この輪廻ということは皆さん普段余り意識されていないものかもしれません。ですが、実はそのことを肯定してなされていることが結構あるのです。

もう二、三年前のことになりますか、あの『千の風になって』が流行ったとき、ある檀家さんが来られて、「あの歌詞はあれでいいんですか、お墓に亡くなった人がいなくていいんですか」と聞きに来られました。私は、「いいんじゃないですか」とその時はお答えして、懇話会にお越しの方でしたので、その次の回にじっくりとお話しました。

亡くなった人がお墓にいるというのは、この世に未練を残してとどまっていることになりますよと。

体と心が一つとなり私たちは生きていますが、死んでしばらくすると遺体と心は分離するといわれ、お葬式の後、体は火葬してお骨になり、四十九日の法事の後、遺骨はお墓に埋葬されますが、心は来世に行くのです。だから、より良いところへ逝ってくださいと功徳を手向けるために盛大に四十九日の法要をするわけですね。

そうして、みんな来世で新たに自分に相応しい転生をすべく、人間に生まれ変われるなら、身籠もったお母さんのお腹の胎児に入って輪廻するんですよと話しました。ですから、皆さんご存知のこととは思いますが、当たり前のようになされる四十九日の法事は輪廻ということを前提に特別に大事になされていることなのです。

また、たとえば、お経の前に唱える開経偈(2)というのがありますね。その中の「百千万劫難遭《ひゃくせんまんごうなんそう》遇《ぐう》」というところの「劫《こう》」(3)とはインドの言葉でカルパ（kalpa）といい、とてつもなく長い、永遠にも近い時間をいうわけですが、私たちはそれだけ前からずっと時間を掛けて、やっとこの経文に出会ったという意味ですね。

なぜ自分がそれだけの長い時間を過ごしてきたといえるのかというと、それはずっと無始より輪廻してきているからということなんです。たった一度の人生というわけではないのです。私たちは輪廻して輪廻してきて、やっといま人間として生まれ仏教に出会い、ここにこの経文にまみえられたという感激をいうわけです。知らぬ間に皆さんそうお唱えになっているのです。

また、身近な例では、皆さんの家の仏壇。古いものなら、下と上が広くなって段々に中間が少し細くなっていませんか。七つないし十くらい段々に作られていますが、これは何かというと、六道、それにその上の仏界を表しているのです。下の段から地獄・餓鬼・畜生・修羅・人・天、その上に仏界。古い型の仏壇は丁度人界の部分が仏壇の開放部になっています。だから昔の人は、明治時代くらいまでの人たちはみんな六道に輪廻するという、そんな世界観を共有していた、理解していたということができるのです。

同様に道ばたに佇《たたず》む六地蔵尊も、六体セットで祀られるのには意味があるわけです。お地蔵様というのは、お釈迦様が亡くなられてから次に弥勒菩薩が仏となるまでの間衆生済度を任された菩薩さんです。そんなところから、六道に輪廻する衆生それぞれに教えを説いて下さるということで六体一緒に祀られてきたのです。

それから、この中には真宗の門徒さんもおられると思いますが、念仏は、何のためにされるかといえば、地獄ではなく極楽世界に往生したいからということですね。死んでからいく世界、来世に極楽世界に転生する、それは紛れもなく、輪廻することを前提にしています。だから輪廻するというこの考え方のもとに往生、極楽世界、ないし念仏の教えがあるのです。

平安時代中期から盛んに浄土思想が流行します。貴族がこぞって立派な阿弥陀堂を建てる。宇治の平等院とか。時の太政大臣藤原道長さんなどは、丈六の阿弥陀さんを九体並べて、その前に北枕で西を向いて臥し、念仏を沢山の僧侶に唱えさせながら亡くなっていきますね。六道に輪廻するから念仏するということになるのです。

輪廻とは希望である

あんまり昔のことばかりいっていても仕方ありませんね。たとえば、二十年ほど前ノーベル平和賞を受賞されたチベット仏教の指導者ダライラマ法王などは、来日した講演会の際に、「私は仏教徒ですから来世を信じます。そしていつまでも希望を持っています」[4]といわれています。チベットの自治権を巡って中国ともめたままですが、希望を持っている、それは来世できっと果たせるだろうからというのです。

ダライラマという法王の位は世襲ではなく、死後生まれ変わりの少年を捜して、いろいろな試験をしてクリアしたら承認されて地位を継ぐことになっていますね。だから自分はまた来世で違う体をもらって生まれ変われるからということです。

でも、それはダライラマ法王が特別ということではなく、私たちも同じです。来世がある。だから、今生でかなわないことでも手放すことはない、死ぬまでちゃんと出来るんだと信じていることが大切です。もちろん、異常な欲をかいたり恨みを晴らすというような悪い内容ではなくですね。

ですから、年を取ったからと夢や希望、願いをあきらめることはない。輪廻するというのはだから、もう死ぬからとか、死が近いからといって、変にジタバタせずに冷静に信じていられる。もちろんいまのこの自分が目的を達成するというわけではありませんが、いつか出来ると信じられる。そういうありがたい教えでもあります。

不平等な世の中・生まれの違い

それで、また、この輪廻ということを信じると、いろいろなことがきちんと説明できます。たとえば、この世の中はとてつもなく不平等です。皆さんあまり疑問に思わないのですが、生まれや生活環境、全く違います。持ち合わせた才能や性格、ものの好き嫌いまで。

それはなぜなのか。それは、みんな前世やもっと前の過去世があり、その引き継いだ因縁、業によるのだと仏教では考えるのです。自業自得《じごうじとく》、因果応報《いんがおうほう》なのです。

ですが、たとえば過酷な人生に見えるような境遇で生まれてきても、人として生まれる徳をもっているのであり、過去世が悪かったと一概にいえるものではありません。何かをしてきた、ある悪業が報いたと考えるのでしょう。ですが、そのような過酷な境遇を選択しても、いつもきれいな心で誰にも明るく接する慈悲の心でいることで、心がものすごく早く成長して、その次の来世ではさとりに近いところにいくのかもしれない。『五体不満足』の乙武洋匡さんを見ていますと、本当にそう思えます。人並みの喜びや幸せを超越して、崇高な人生のために生まれてこられたと感じます。

逆にたとえ恵まれた環境や才能をもって生まれたとしても、それをうまく使えずに功徳を使い果たすだけで堕落した人生を送ってしまったら、その次の世では地獄や餓鬼の世界にいくかもしれないのです。

こんなことをいうと心配なさる方もあるかもしれませんが、いまこうして仏教の話に注目して関心を持って聞いて下さっている皆さんは、それだけで、ものすごく安心していい人生を歩んでおられると思います。

仏教徒はさとりに向かって生きる

ところで、私たちは何のために生きているのでしょうか。生きるとは何なのでしょうか。仏教ではといいますか、仏教徒は少なくともみんなさとりということを意識して生きていくと考えます。

皆さんもそうですね、だからみんな亡くなった人の菩提を念じる。菩提とはさとりのことですね。さとりとはお釈迦様のさとり。しかし、それはそう簡単なことではない、だから、少しずつでも心を清らかにしてさとるために私たちは何度も何度も生死を繰り返し輪廻して修行していくのだと考えるのです。そして、何とか頑張って、お釈迦様のようにさとりを開いて、輪廻の苦しみから脱することを解脱《げだつ》といったのです。教科書的にいえば、その解脱を最終目標に生きるのが仏教徒の生き方ということになります。

人には生まれてくる意味がある

ですが、その一回一回の転生は、自分の業によって、つまり行いによって次の生まれが決まる。いってみれば自分が決めていくことになるのですが、普通私たちは自分で好きこのんで生まれてきたんではない、なんていうことをいったり思っていたりします。お子さんからそんなことといわれたことはないですか。

ですが、東京の産婦人科医で池川明さんという人が生まれ変わりの研究をされていまして、『子どもは親を選んで生まれてくる』（日本教文社刊）という本を書いています。読みますと日本人の子供にも生まれてくるところの記憶、また前世の記憶を持った子がいるというのです。上の方から将来のお母さんが妊娠するのを見ていて、このお母さんがいいと自分で決めてそのお腹の中に入っていったと話す子供がいる。

自分にふさわしいお母さんを選んで、自分のそのときの人生の課題をクリアすべく、それにふさわしいお母さんを選ぶのだと、この先生はいいます。だからもしも「勝手に生んで」などという子供がいたら、そんなことはないのだと。みんな自分で選んでくるのだと分かれば、そんな勝手な不足はいえない。自分に責任があるということですね。やはり自業自得です。

みんな違う人生、それぞれにやるべき課題をもって、一人一人生きる意味を見いだすために生まれてくる。だから、みんなどんな人でも尊い人生を生きているのです。

で、これは自分だけではなくて、みんなそうなのです。だから、他の人のこと、周りのすべての生き物の命も大事にする必要がある。そしてそこから、慈悲という教えも導き出されてくるのです。

いかに生きるか

以上、輪廻に関連していろいろとお話をしてきましたが、いかがでしたか。皆さんの中に、それは大変だ、死んだらみんな仏様だと思っていたのに、輪廻するなんていわれたらえらいことだという人はいますか。いませんかね。ならいいのですが、ちょっと怖くて人にいえないなんていう人もいるかもしれませんが、そういう人はいまからでも遅くないので、しっかり仏教を勉強して、戒定慧《かいじょうえ》(5)の生活ですね、清浄な行いをしていたら救われるといいます。

増一《ぞういつ》阿《あ》含経《ごんきょう》という漢訳の初期経典群の中に『業道経《ごうどうきょう》』というお経があります。そこには些細な罪業を犯しても地獄に行く人と行かない人がいる、それはその人の日頃の生活の仕方、心を修め、智慧の教えを学び、功徳豊かであるかどうかにかかっているとあります。つまり、こういうことが大事だよと仏教は教えているのです。

輪廻するというのは、ですから責任ある生き方が求められているということになります。仏教を学んで、しっかり生活して功徳を積んでいたら心配はないということだと思いますが、あんまりそんなことをするのも気が進まないという人もあるかもしれません。

やりたくないことをしないと生きられない

皆さん、それでなくとも毎日ようよう息をしてるんや、という人もいるかもしれません。ですが、人間というのは、本当はしたくないこと、やりたくないことをしないと生きていけないものなんです。

お祖父さんが有名な薬学博士だった丹波哲郎さんのお父さんは、一生仕事などせずに生きられた人と聞いていますが、普通はそういうわけにはいきません。

学校の勉強でもそうです。したくないけど、やらなきゃいけないから何とかやっていれば、成績は上がります。いやな仕事でもしなくては生活していけないですね。好きな仕事でも、結構大変な思いをしなくてはお給料はもらえない。

だからお釈迦様は「この世は苦なり」と教えられています。そのことをちゃんと見つめなさい、認めなさいと。いやなこと苦しいことでも頑張れば成長しますよということなんですが。

私なんかも、好きで僧侶になったのですが、毎朝四時半に起きて、五時の鐘をついて、本堂の仏飯お茶湯をして、お勤めしてというのは三六五日休みなしです。それに境内の草を抜いたり、それはいろいろ雑用ばかりです。

ですが、だからこそお経を上げる、供養するということが生きてくるのではないかと思っています。何もしないで拝んでいるだけではありがたみがない、すべていろいろな仏教についての調べごと勉強も含めて、それらがすべてで行なのだと、先師尊霊や檀家さん方の過去精霊の供養にもなるのだと思っております。

苦しむから幸せがある

我慢して頑張ってやりきる、だから何事かが成し遂げられる。金メダルを取る人たちなどもそうです。過酷な練習にめげずにやり通す、ギリギリの神経をすり減らして、しのぎを削る、そうして初めて勝利があり、喜びもひとしおということになるのです。

やりたくないことでも頑張らなくては生きていけない、喜びに出会えない、幸せになれないということになります。だから嫌なこととつらいことがあったら、逆にこれで幸せになれると思ったらいいのです。

いま頃は、若い人たちの中には、何のために生きているのか分からない、幸せが何か分からないという人がいます。ですが昔は、若いときの苦労は買ってでもしろといわれた、他人の飯を食わなきゃ一人前じゃない、なんてこともいった。そういうことだと思います。だから分からない。幸せになりたかったら、苦労することなんでしょう。

何もしないで、一人自分だけいい思いをしたいと思うから一向に叶えられない。一人でいた方が気楽でいいと結婚もしないということになります。自分が幸せになったり、いい思いをしたいなら、他の人を幸せにしてあげると自分もとっても幸せになってしまうということがわからない。一人でいい思いをしても楽しくないものです。

すいません、皆さんはそんなことは百も承知です。一人でお茶飲んでも、お酒飲んでも楽しくないですね。やっぱり家族やら仲間と一緒に楽しんでいると本当に充実した喜びになる。子供の成長にこの上ない幸せや充実感を得られる。

一日十分の仏

それでは、どうしたらよいかといえば、朝一番で、新聞読むのもいいですが、新聞読んでもいいことばかりは書いてない。やはり、仏壇に御供えして、お経の一つもあげて、その後が大切です。みんなお経を上げてそれでおしまい、としがちなんです。多分、皆さんもそうしていると思うのですが、いかがでしょう。そこで立ち上がらず、そのまま仏壇の前で少し座ってみる。

胡座《あぐら》でもいいし、正座でもいいのですが、男の人なら右足を左腿の上に乗せて背中をまっすぐに伸ばし、両手を前に持ってきて、目を閉じる。静かな呼吸に心がけて、呼吸に心を向けて一つ二つと十まで勘定して、それを繰り返してもいいし、静かに息の出入りを観察してもいい。十分くらいそうして心静かな瞑想(5)の時間を持つ。

これを「一日十分の仏運動」といいまして、皆さんに勧めています。

仏壇は家のお寺

仏壇というのは、皆さんの家のお寺です。仏様に座っていただいている。仏様というのは、皆さんにとって何ですか。皆さん仏教徒ですね。意識するしないにかかわらず仏壇が家にあったら仏教徒ですよ。それで、仏様というとわかりにくいですが、お釈迦様、私たちと同じこの地上にお生まれになっておさとりになった。さとりとは最高の幸せのことです。この世の中のことがすべてお分かりになった上で、何の束縛もなく、何が無くてもなんの愁いもなく、幸せで溢れるような優しい気持ちをお持ちになられている。

仏様はその幸せを味わいつつある人のことです。私たちもみんな幸せになりたい、なりたくない人はいないですね。なら、その最高に幸せに生きられたお釈迦様を目標として生きるべきではないですか。

そこで、一日十分仏様のまねをして座ってみる。簡単なことです。是非やってみて下さい。私も本堂のお勤めから戻ると仏壇の前で座ります。皆さん是非一緒に仏壇前で座りましょう、清浄な生活、一日気持ちよく過ごせます。

仏教を学ぶ

そして、少しずつ仏教について学んでみて下さい。必ずいざというとき役に立ちます。閻魔さんが出てきたら、ちゃんと勉強してきたと胸を張ればいいのです。

私たちには最期まで、やるべきことがあります。新しいことも、希望も捨ててしまうことはない。それで最期の時には、良かったと、いい人生だったと思っていきましょう。そして、いい来世を迎えるんだと確信していましょう。そのためにも、「一日十分の仏運動」是非よろしくお願いします。

（1）ダボス会議、毎年スイスのダボスで開かれる世界経済フォーラムのことで、平成二十二年一月二十七日から五日間開催された会議で四十回を数えた。ダボス会議は世界経済を左右する経済や政治の会議で政財界の有力者が参加する。が、従来キリスト教、ユダヤ教関係者も参加しており、前年にはイスラム教代表も参加したとのことで、この年には日本の仏教指導者からの提言を期待するとして、日本の宗教者としてはじめて招請されたという。全日本仏教会会長松長有慶「ダボス会議に参加して」中外日報平成二十二年二月二十日参照。

（2）開経偈、本書四一頁参照。

（3）劫、詳しくは本書一三六頁参照。

（4）大角修『日本人の死者の書・往生要集のあの世とこの世』生活人新書 ＮＨＫ出版 一五三頁参照。

（5）仏教は学ぶことと同時に、戒を守り、坐禅（瞑想）し、智慧を得る修習を基本的な実践の道であるとする。これを戒定慧の三学という。よって、坐禅瞑想はすべての仏教徒にとり欠かせない大切な実践項目の一つ。

Ⅱ 仏教の基本について考える

縁起ということ

縁起とは、お釈迦様がさとられてから最初に思惟された最も根本の教えの一つ。ものごとはすべて、よりておこる、ということです。お寺などの沿革、由来を縁起ということがあります。誰それがどうしてこうして、こうなったという成り立ちを述べるものです。そういう書き付けを縁起書ということもあります。

原因があって結果して、それがまた原因となってまた結果するというそのあり方が縁起ということですから、そのような縁起を述べたものだからお寺などの由来を縁起というようになったのでしょう。辞書にも因縁生起の略とあります。

縁起が良いとか悪いというのも、ある兆しがよい結果、もしくは悪い結果を生じさせることが期待される、見込まれるということでしょう。受験勉強に精出している子の前ですべったの落ちたのというと、縁起でもないからそんなことをいうなという気持ちを起こさせるのも、その言葉を聞いた本人に何かしらの影響があるやもしれないという親心からであろうと思います。

私たちは身体にしても、顔も、心もみんな違います。二人と同じ人はいません。六十億もの人がいれば同じ人がいてもよさそうな気もしますが、実際は誰とも全く違います。それも縁起ということではないでしょうか。誰もがその成り立ちが違うのですから。同じ両親から生まれても皆違います。

たとえ一卵性の双生児であっても違うといわれます。勿論顔も身体も瓜二つに見えるのですが、やっぱり違うのです。それぞれの歩みが違うのですから。好みも思いもやることも違うのだから違う結果になって当然だともいえましょう。

顔はその人の履歴書であると聞いたことがあります。正にその人の歩みそのものだということなのでしょう。言葉、振る舞いは育ち、顔は心がそのまま表れるともいわれます。氏素性よりも大切なのはやはりその人の心ということになるのでしょうか。

仏教では、身体の行い、口の行い、意《こころ》の行いの三つを行いとして、三業《さんごう》といいます。自分の身体と口と意のなした行為の、生まれてからこの方今日にいたる縁起したるものがいまのこの自分というものなのでしょう。いまの思いも、心もみんな縁起してきたものだということになります。顔は心の縁起を表すことになるのでしょうか。

そう考えるとこの縁起という教えは誠に厳しく、恐ろしい世の中の現実を私たちに突きつけるものなのだともいえましょう。

空ということ

ある方のベストセラー本にこんな件《くだり》がありました。「……お釈迦様は崇高な思想を説いた、そして仏教は、この世の一切は空《くう》であるという大変優れた思想である。色即是空といい、人間世界のすべては無に帰る。だから現世の欲を捨てて出家者はひたすら修行せよといわれる。しかし、出家者以外には現実味のない、無理の多い思想だ」と結論しています。

一流の知識人においても、未だこうした解釈に留まっていることに些《いささ》かの焦燥感を抱きます。こうした一方的な仏教解釈のまま、世に書籍として出回り人々の目に触れ、なにがしかの影響をもたらすことにいらだちを禁じ得ません。しかしこうした仏教理解をもたらしている仏教界の存在、いまの法を説くべき私どもの責任も痛感いたします。

まったく余談になりますが、少し前に、ある大本山で暴力団元組長の年忌法要が行われた際、世間から非難を受けた本山側の弁明の中に、「死者はすべて仏なのですから、平等に扱われるべきではないか」という説明がありました。死者はすべて仏なのですからと簡単に当たり前のように述べてしまい、それをそのまま何の疑問を感じることもなく報道される日本の仏教に問題があると、そのとき私は思いました。

何故に死者はみな仏なのか？　そんなことを誰がいい出したのでしょうか。死ねば仏ならば、葬式も何もする必要も無いでしょう。難しい教理も必要なければ、戒も、修行も何も必要なくなります。さらには何をしようがおかまいなし、無法状態の世の中になっても仕方ありません。何をしてもどんな悪いことをしても死ねば仏なのだから、せいぜいお縄にならない程度に濡れ手に粟でお金をつかみ、いい思いをすれば大満足という人生観になるのではないでしょうか。

しかし一方で、そんなうまい話があるはずがない、後生が悪いというういい方があるように、やはり悪いことをしていれば報いはあるはずだというまっとうな考えを持つ、世の中を清らかなものにする人々の思いもあります。そのどちらを仏教は支持するのかといえば、大本山式に、つまりいまの日本仏教の通念からするならば、前者の無法者を支持していることにはならないかと思うのです。

やはり因果応報を説くのが仏教ではないでしょうか。仏教は業論を説き、それに従って輪廻を説かねばなりません。森羅万象すべての因と縁、縁起を説くのです。そこから空という思想も発展してきたのでありましょう。ですから、主題に戻ると、空とはただ無に帰するということではありません。無くなってしまうということではなく、何か空の世界というような不確かな超越したところに向かうということでもないのです。いま私たちが目にしている世界、存在する現象そののことでなければなりません。

ところで、「空」とは、インドの言葉「シューニヤ」(śūnya)を中国で訳した言葉です。現代ヒンディ語で、「シューニヤ」というと、「虚空、空、虚無、真空、天」を意味し、数学の零を発見したインドの、その零のことでもあります。

また関連語である「シューニヤワーディ」には、「空論者、仏教徒、無神論者」という意味があります。インドでは空を説く者が仏教者だということになるのでしょうか。わが国でも仏教といえば、『般若心経』。『般若心経』といえば、空を説くと考えられています。ですから、この空が分かれば仏教が分かったと思われているようです。

水野弘元先生の『仏教要語の基礎知識』(春秋社刊)によれば、空とは、無我と同義であるとあります。「無常なるが故に、苦であり、無我である」という時の無我です。バラモン教などインド哲学において、アートマンという自己の永遠不変の我があるとする考えを否定して、お釈迦様は無我・アナートマンを唱えました。

すべてのものは、無常であり、様々な因と縁の織りなす縁起に基づいて存在しています。その結果がまた原因となって、縁をともなって果をもたらし、つねに変化しつつあります。だから、永遠不変のものなど存在しないということになるのです。

たとえば、氷という固体があります。それは室温が零下であれば、固体でしょうが、室温が零度以上に上昇すれば、液体である水となります。そしてさらに温度が上昇して一〇〇度を超えれば気体となるでしょう。常温で水であったものがその条件によって、様々な変化をともなうのです。

このように、すべての存在、この世のありとあらゆるものは、他のものを原因としていまある条件の下で仮に存在しているのです。そのものとしての固定的な実体や性質があるわけではなく、どんなものでも他のものと相互に関連し依存し合って存在しています。そのようなもののあり方を空というのです。

それは物質だけの話ではなく、私たちの心も同じこと。一つのことに凝り固まって、これはこうあるべきだ、と頑張ってしまう人であっても、様々な周囲の状況変化によって、また時代の変化によって思いも考えも変わっていくことでしょう。

つまり確たる自分があると誰もが思いがちですが、自分という存在も空に他なりません。他があって、他の影響を

ナーランダー仏教遺跡（インド・ビハール州）

いやが上にも受けつつ、また他の助けによって存在しています。

つまり、生きているということは、他に依存し共存する関係の中にあるということです。だから、つねに、不安定でもあり、不完全に時を重ねていくことにもなります。心には不満が残り、不安や怖れがあります。それがために、この身体が寿命を迎えても、心はそれで終わりにはならず、輪廻を繰り返すのです。

そして、相互に依存している私たちには、一人自分だけよければいいという幸福はあり得ないことになります。そこで、自分が幸せでありたいと願うならば、他の者とともに、生きとし生けるものとともに幸せであることを願う必要があります。そのためにも自分自身がしっかりした責任のある生き方をしなければならないということにもなるのです。

ですが、このことは、自分の命を犠牲にしてまで他を救うというのとは違います。自分が不幸になることは他の者を不幸にすることにもなります。他の者の命を犠牲にしなければ救われない命があるとするならば、その救われない状況に導いた業を静かに受け入れるということも必要になるのではないでしょうか。

「空」という教えは、ですから、すべてのものが空なのであるから、何ものにもこだわりやとらわれ、欲を捨てよ、という無執着を教えるだけではありません。すべてのものが縁起によって他に依存して存在する、しかるに、私とすべてのものたちとが繋がり、皆ともどもに、ともに幸せであらねばならない。そうあってほしいと自然に願う。つまりは、自己を絶対視したり自己中心に物事を捉えることなく、全体の立場に立って全体を幸福あらしめる行動原理であるともいえましょう。

決して出家者だけのものではないし、現実味のない教えなどではないのです。。

お釈迦様は、亡くなろうとする人に何を語ったか

縁ある人がいまにも亡くなろうとするとき、お釈迦様はどのような対応をなさったのでしょうか。そのことを説く経典『瑠璃王経《るりおうきょう》』が、増一阿含経《ぞういつあごんきょう》の中に残されています。

お釈迦様のお生まれになった釈迦族には、コーサラ国という宗主《そうしゅ》国がありました。当時その国を治めていた王は、パセーナディ王といい、在家信者としてお釈迦様に帰依した王の一人で、多くの経典にその名を残しています。

この経典を要約すると、

お釈迦様がサーヴァッティにおられるとき、パセーナディ王は釈迦族の女をめとりたいと申し入れた。しかし、自分たちこそは誠に誉れ高き生まれとの自負があった釈迦族の人々は、コーサラ国の王は大王とはいえ家系図が正しくない、どうしてそれらと縁を結ばねばならないのかと考えた。そこで、一族の長者マハーナーマが自分の家の召使いの娘に沐浴させ着飾り、自分の娘と偽って、王の元に送り届けてしまう。

その娘が容姿端麗であったこともあり、王は悦び第一王妃として迎え、まもなく男児を出産。その子も誠に端正な容貌から、ヴィデゥーダッバ（毗瑠璃《びるり》太子）と名付けられ、寵愛《ちょうあい》された。そしてこの子が八歳になると、王は釈迦族のお城カピラヴァットゥで弓術を学ばせようとした。太子は、釈迦族の五百人の子供たちと共に弓を学んだ。

ちょうどその頃、新たに造られた釈迦族の誇りともいえる大講堂が完成し、お釈迦様を迎えて落慶供養をするばかりとなっていた。そこに弓の教練の後、ヴィデゥーダッバ太子をはじめ五百人の子供たちが入り込み、太子は、ごく自然のこととして講堂の獅子座に昇って行った。

しかし、それを目撃した釈迦族の人々は、召使いの女が生んだ子供が座るべきところではないと怒り、太子の肘をつかんで外に追い出し、地に打ち付けてしまった。このとき太子は、「われ後に王位に就くときまで、この辱《はずかし》めをけっして忘れないであろう」と誓ったという。

後にパセーナディ王は亡くなり、ヴィデゥーダッバが王として即位すると、幼時の怨みを思い、軍勢を従えて釈迦族を征伐に赴く。しかし、そのことを神通力で知ったお釈迦様は、その進軍する街道の枯木の下で一人瞑想していた。軍勢は、お釈迦様に遮《さえぎ》られ、三度まで逡巡するが、四度目には、お釈迦様もその果熟せりとて、その報いを釈迦族が受けねばならないことをさとられる。

カピラヴァットゥでは、その報を受けて、数里ゆきて王を迎え、弓矢を射るものの、誰も敵兵を傷つけることがなかった。釈迦族は兵士であっても戒を保ち、虫さえも殺すことがないと高を括っていた王の兵たちが城門までいたると、釈迦族の一人の勇猛な若者が王の兵を殺害してしまう。

すると、釈迦族の長老は、なぜ我が釈迦族のならいを辱めたのだと叱り、「一人殺せば万人を敵に回すことになる。人の命をとることは死して地獄に入る。人に生まれても短命になる」といって、その者を国外に追放した。

そして、釈迦族が城門を開放して王の兵を請《しょう》じ入れると、王は暴れ象によって人々を踏み殺させた。

責任を感じたマハーナーマは王の下にいたり、自分がこの池の水底に没している間釈迦族を逃がしてやって欲しいと願い上げる。祖父の願いと、王がこれを許すと、マハーナーマは水底に潜り頭髪を水中の樹根に結わえていつまでも上がってこなかった。それを知った王は、「そこまで親族を祖父が愛していたことを知っていたなら、釈迦族を征伐しなかったのに」と悔いたという。

多くの人を殺したので流血は河となり、城は焼かれた。ニグローダ園に戻った王は、先に王が命じ選ばせた五百人の釈迦族のみめよき女たちを連行し、女官として迎えようとした。

しかし女たちはみな「この身を保つために、どうして召使いの女が生んだ者と楽しみ交わることなど出来ましょう」と答え、王の怒りをかい、もろともに、その手足を切りおとされ（他の訳本には縛られたとある）深い穴の中に捨てられてしまった。

穴の中に落とされた五百人の女たちは、手足を切り取られてもなお、お釈迦様の名を口々に呼び続けた。お釈迦様は、諸々の比丘《びく》らとともにカピラヴァットゥにいたり、これらの女たちに、法を説かれた。

「すべてのものは無常にして、盛んなる者も必ず衰える、会えるものに別れあり、身体と心に執着するならば苦しみ悩む。このことを知って生老病死を越えるべし」と。

さらに、「世論・戒論・生天論」を説かれると、彼女らの心は開かれ、迷い尽きて法の眼を得て、命終し、みな善きところに生まれ変わったという。

お釈迦様は、ニグローダ園にいたると、比丘たちに、「ここで昔は諸々の比丘たちに法を説いた。しかるに、それもいまとなってはうつろになった。人々もいなくなってしまった。いまより以後またここに来ることはないであろう」と一族の消滅した悲しみを語られたという。

サーヴァッティの祇園精舎《ぎおんしょうじゃ》に戻られる道すがら、お釈迦様は「ヴィデゥーダッバ王および兵たちは、今日より七日のうちにことごとく亡ぶであろう」と預言された。

王たちはこのお釈迦様の言葉を伝え聞いて戦慄したが、七日目にも何もなく、喜び楽しんだとされる。が、その晩に時ならぬ暴風雨により、すべての者が水に流され命を失い、みな地獄に堕ちた。さらに、王宮も雷に焼失したとされる。(1)

以上、『瑠璃王経』と名付けられたこの経典は、死後の儀礼について述べたものではありませんが、死者供養のより所となる誠に貴重な経典であると思います。この経典にある、死にゆく人たちへ教え諭したお釈迦様の教えは、正にこの世の真実をそのままに語るものでありました。死を前に、教えを伝えることによって、その者たちの心が浄化され、より良いところに生まれ変われるようになされました。ここでは善きところ(人間界・天界)に生じたと記しています。

仏の教えは死者のための教えなどではないとして、何もされなかったわけではありません。やはり縁あり求めに応じて、きちんと臨終の教えをお説きになられています。それがあるべき姿でありましょう。

仏教は人の死に関わらないものだといって、日本仏教を葬式仏教と蔑視する人もあります。しかし、当時のインド社会には、代わりにそうした儀礼を執り行う宗教者が一般にいたればこそ、葬送の儀礼に仏僧は関わらなかったのです。

しかしこの経典にあるように、縁あり、求められた場合には、お釈迦様自らがこうして教えをお説きになられています。今日スリランカ、タイなど南方の仏教国でも仏教徒の葬儀には僧侶が儀式を執り行っています。私もインドの僧院にいた頃、何度となく、葬儀や法事に招かれたものです。

葬送に仏教が関わってはならないのではありません。関わり方が問題なのです。つまり日頃縁ある人々に教えを説き、戒定慧の実践を重ねる延長として、それぞれの葬送があるという本来のあり方を取り戻す必要こそが求められているのでありましょう。

そしてさらに大事なのは、お釈迦様がその終焉に際して説法したのにもかかわらず、彼女らは善きところに生まれ変わったという記述であります。お釈迦様ほどのお方が法を説かれても、彼女らを仏の世界に送るとか、成仏させたといわれていない点です。

「如来は道を教える者なり」という厳然たる姿勢を崩してはいけないのです。彼女らの自らの業に従って、死に際してお釈迦様の説法により心が清められ善きところに生まれ変わったというこの経典に、末世の仏徒は多くのことを学ぶべきでありましょう。

（1）瑠璃王経、『仏教聖典』友松圓諦著　講談社文庫三六二頁、『根本仏教聖典叢書第四巻』赤沼智善訳八七頁参照。

施論・戒論・生天論

お釈迦様は生涯に様々な説法をなさり、多くの人々を導かれました。出家の修行者にはもちろんのこと、一般の在家者にも問われるごとに様々な法をお説きになられました。在家者への説法の入口の話として施論・戒論・生天論という基本的な仏教の特徴を表す教説があります。

施論とは、読んで字の如く、布施をしなさい。戒論は戒律、在家であれば五戒を守りなさい。そうすれば死後天界に生まれ変わることが出来ますというのが生天論だといわれます。まあ、これだけのことかといわれると、つまらなく思う人もあるかもしれません。

布施をして下さいとは、つまりは当時の僧侶たちが自分たち托鉢で生活する者たちの生活の糧のためにいったものかとも思われるかもしれませんし、五戒も当たり前のこと、「殺すな、盗むな、邪なことをするな、嘘をいうな、酒を飲むな」と一般的なことをいっているに過ぎないし、天界に生まれるなどと、死後どうなるかとも知れない非科学的な話を語っているに過ぎないと思われるかもしれません。

しかし、そこはお釈迦様の法なのですから、心してその内容を深く味わう必要が本当はあるのではないか、と私は思うのです。

まず、施論とは、施しをしたらそれを受け取った人が喜び助かることでありますが、それによって施した側にも善いことが還ってくるということです。何か善いことをすればそれが因となり善い結果があるということ。つまりは因果の道理を教えるものといえます。

その昔インドでは、神々に盛大な捧げものをして供養することが幸せのために不可欠なこととされていました。しかし、お釈迦様は、もっと実用性のあること、たとえば飢えている人に食べ物を施してあげたり、困っている人を助けてあげるなど、自分のことではなく周りの者たちに目を向けて他者に喜ばれること、他者がよくあるように善行をなすことが幸せをもたらすと考えられたのです。

だからこその因果論であり、周りの人たちに善いことをすれば、それが因となって回りまわって自分にも善いことが結果する、悪いことをすれば悪いことが還ってくる、つまり善因善果悪因悪果ということを教えられたのです。

たとえば、慈愛の心で他に施す人は、心がますますやさしく浄められ、博愛の心でもって多くの人との付き合いが良好となり、富み栄えることになるでしょう。逆に人を悩まし苦しめるような人は、ますます人を害する凶暴な性格を作ることになり、自らの世界を狭め過酷な人生を歩むことになります。

何事も因果応報、自業自得です。勿論それらの行いの結果が今生で現れるとも限らないのですが、とにかく善いことをして徳を積むことで人生をよく変えていけるのだと施論は教えてくれています。

そして、戒論。なぜ戒律が必要なのでしょうか。それは私たちは一人ではないということでしょう。伴侶、家族、地域の人たちと生きていく、共同して暮らすためには、みんなが上手くあるようにしなくては気持ちよくいられないものです。

自分一人の生活を考えても、規則正しく規律ある生活をしなくては、その人の人生がよくあることはありません。朝はきちんと起き、煮炊きされた食事をして洗濯した物を着て、掃除の行き届いたところで生活する。それだけで健全な幸福感が得られるはずです。

また、人は一人で生きているのではありません。一人で立派に生きていると思っても、食べ物も着る物も住まう家もみんな他の人が作り、手にしたものに過ぎません。畑があったとしても、その水や種や肥料ということになると全部他の人の手によらねばなりません。作物を生長させる様々な養分を含む土壌を作るには、小さな昆虫や微生物の存在が不可欠です。すべての生き物たちとの共生のもとに私たちの生があると考えれば、なにがしかの誓約が必ず私たちの生活に課せられて当然だということになります。社会生活にも当然なにがしかのルールが必要でしょう。

そしてそのルールを守るということは悪い行いから身を守ることであり、五戒はお釈迦様がこれだけのことを守れば大丈夫と保証してくれているものと受け取ることもできます。

つまり戒論は、私とはいかに生きている存在かと考える視点からの発想であり、そこから、人としてどうあれば何の憂いもなく安心を得られるのかを教えてくれています。

三つ目の生天論はいかがでしょう。善いことを沢山して道徳的な生活をしていれば、つまり沢山の善業を持って死ねれば天界にいけますよということなのですが、つまりは死んでもそれで終わりではないということでしょう。

私たちは何も分からずにこの世に生を受け、このような輪廻などということも意識せずに生きています。しかし、なぜこの家に、なぜこの父母の元に生を受けたのか、なぜ自分はこのような能力、機根、物の好き嫌いを持って生まれてきたのかと考えてみると、やはりそこには原因があったのだと考えざるを得ません。他の人となぜ違うのか、同じ日に同じ時間に生まれたとしても全く違う人生を歩むのです。同じ名前だとしても違う人生。同じ家に生まれたとしても違う好み、違う人生を歩みます。

仏教では、すべてのことに原因ありと考えます。ですから、生まれてきた原因、その家に生まれた原因、時間的にそれ以前にあるべき原因は当然生まれる前に生じていたと考えられるので、前世があったのだと考えるのが素直な受け取り方でしょう。

前世があって、いまこうしてある。沢山の過去世からの業に応じ、その家族、境遇、環境の中で私たちの人生はスタートし、またこの世での新たな行為・経験によって業を積み重ねることになります。三世(1)にわたって沢山の業を相続していくわけですが、善い行いをしているとその行いを縁として善業が報い善い結果が得られ幸福になります。ですが逆に悪い行いには悪業が報い苦難不幸をもたらすのです。そうして、身体の寿命を迎えると、それらの行いによって性格づけられた死ぬ瞬間の心によって来世が導かれていきます。

ですから生天論とは、死んで終わりではない、その先のことを考えて徳を積み道徳的な生き方を心がけよ、そうすれば安心してその時を迎えられるということでありましょう。

施論・戒論・生天論。考えてみるとこれは仏教の根幹、因果、業、輪廻、そこから導かれる生命観、人生論。いかに生きるべきかと教える根本だといえます。だからこそ、在家者への説法には、この教えをまずはじめにお話になられたのでしょう。

お釈迦様はこの壮大なる教えをごくごく簡単に、施しの心が大切ですよ、基本的な戒律を守りなさいよ、そうすれば来世で天界にいけますよ、と教えてくれていたのでした。

(1) 三世の因果について、仏教は無我を説くので輪廻の主体が存在しないといわれるが、かえって無我なるが故に無始無終に続く変化によって業は三世に相続されていくと考える。前世の肉体が終息するときの生きようとする根本的な意志、すなわち無明の心が業によって性格づけられ、その創造力が生命を繋ぐ識となり、新たな生命に再生を果たしていくのである。木村泰賢『原始仏教思想論』(木村泰賢全集三) 大法輪閣、一五八頁参照。

仏法僧とは何か

仏の十徳

三宝帰依は仏教徒の条件だといわれます。三宝とは仏法僧のことですが、何も無理に信じなければ仏教の修行が出来ないということではありません。むしろいろいろ試した後に本当にそれらの正しさがわかり、帰依する気持ちが自然と生じることの方が本来であろうかと思います。そして信じる前に、それらがどういうものであるのかをしっかり知ることも大切です。闇雲に何も知らずに手を合わせ、何かを念じるお願いするというのは仏教徒らしい姿勢とはいえません。自ら知り確かめ、そして信じ実践するというのが仏教徒の望ましいあり方です。

それではそれら仏法僧とはどのようなものなのか、まず仏について見てみましょう。仏とは、インドの言葉ではブッダ（Buddha）であり、それは、「目覚めた者、知者、仏陀」を意味します。今日でもインドで一般的にブッダといえば、紀元前六世紀にお生まれになって、後に仏教として世界に広まる教えを説いたお釈迦様を指します。

日本では、各家の仏壇に様々な仏像が祀られ、お寺にも数かぞえ切れない仏様が鎮座しています。しかし、仏教の教えはすべてブッダガヤでのお釈迦様のさとりから始まるのであって、それらたくさんある仏様はすべてブッダとなったお釈迦様の数多の徳を分けたものに過ぎません。よって、それら仏様の原点であるブッダ・お釈迦様について述べてみようと思います。

ここでは、ダサ・ブッダ・グナ（dasa buddha guṇa）「仏の十徳」という、南方の仏教国では仏教徒たちがみな暗唱し、仏前でお唱えする短い経文を紹介しながらその内容を確認してみましょう。

〈仏の十徳〉パーリ語原文(1)

『イティピーソー・バガヴァー・アラハン・サンマーサンブッドー・ヴィッジャーチャラナーサンパンノー・スガトー・ローカヴィドゥー・アヌッタロー・プリサダンマサーラティ・サッターデーヴァマヌッサーナン・ブッドー・バガヴァーティ』

〈和訳〉

『かの世尊《せそん》は、阿羅漢《あらかん》であり、正等覚者《しょうとうかくしゃ》であり、明行具足者《みょうぎょうぐそくしゃ》であり、善逝《ぜんぜい》であり、世間解《せけんげ》であり、無上士《むじょうじ》であり、調御丈夫《じょうごじょうぶ》であり、天人師《てんにんし》であり、仏であり、世尊であります』

少々専門的になって恐縮ですが、この仏の十徳の意味するところを解説いたしますと、

①阿羅漢とは四向四果《しこうしか》(2)というさとりの階梯の頂点、阿羅漢果をさとった人のことです。お釈迦様の教導によってたくさんの阿羅漢が誕生しますが、彼らはみな一切の煩悩を滅してさとりの究極に達しました。そのさとりの境地という点では、お釈迦様も他の阿羅漢も同じだといわれています。「阿羅漢の住む土地は楽し」というように、その存在自体が世の人々を教化善導するといわれます。

また、阿羅漢の原意は、供養を受けるに値する人（応供《おうぐ》）との意味であり、福田《ふくでん》ともいいます。すぐれた人格を有し、徳の高い阿羅漢に供養する功徳は、良田であるほど撒かれた種の収穫が多いように、計り知れないほど大きいとされています。

②正等覚者とは、正しくよくさとった者との意。お釈迦様の教えを聞いてさとった他の阿羅漢とは違い、誰にも教えられずに自らさとり、他をもさとらしめる覚者のことです。

後に誰もがブッダになり得るとする大乗の教えが生じるのですが、お釈迦様のおられる時代から、教え導く覚者が不在だったこの世で最初の覚者であり、他者にもその道を教え示して下さったお釈迦様のみをブッダといい、他の阿羅漢と区別していました。

③明行具足者とは、明とは智慧であり、行とは行い、これら両方が良く具足したる人のこと。この世の中をありのままに観る智慧、自在に見たり聞いたり過去未来を知る智慧、一切の煩悩を断じる智慧が備わり、なおかつ日常の生活においても戒が自ずから守られ、無駄なく、悪を離れ、

常に真理に目覚めているなど実践面でもきちんと完成している人のことです。
④善逝とは、よく涅槃（一切の煩悩の火を吹き消した境地）にいき着き、もはや輪廻を繰り返さない解脱《げだつ》した人のこと。
⑤世間解とは、世間、つまり一切衆生の世の中も、またその死後のことも、すべてを知り尽くしている人のこと。だからこそ、人々の苦しみの因を知悉《ちしつ》し、性格機根に応じた教化《きょうけ》が可能となるのです。
⑥無上士とは、人としてこの上なき生き方を示し、最高の人格を完成させた人。とくに真理を観る眼を持つが故にブッダは最勝なりといわれます。
⑦調御丈夫とは、自らを成長させていける人間を調御する最高の馭者《ぎょしゃ》のこと。どんなに荒々しい馬でもよく飼い馴らす馭者の如くに、どんなに心乱した人でもその心を静めせしめ、高慢も汚れもない人に教え諭し導くことができることです。
⑧天人師とは、天界の神々と人類すべての教師、すなわち三界の大導師との意。六道（衆生がその行いによって輪廻するという地獄・餓鬼・畜生・修羅・人・天の世界）の中に住むすべての衆生を導く師であるということです。
⑨仏の原意は、真理に目覚めた人という意。あまねく完全な最高のさとりを得た全知者であるということです。

⑩　世尊とは、尊敬すべき人、最高に崇められるべき尊格の意。すべての福徳をそなえ、すべてに卓越した威光があり、すべての苦から解放された人です。

このように、ブッダ・お釈迦様とは、誰にも教わることなく私たちのこの世界で初めて、[3]最高のさとりを得られ一切の煩悩を断じ、輪廻から解脱なされました。そして、その後四十五年もの長きにわたり、あのインドの灼熱の大地を歩いて旅をして、慈悲の心から誰彼と分け隔て無く教えを説かれ、その教えによって多くの人々が苦しみから解放されました。それは二五〇〇年以上もたったいまも続いており、だからこそ、世界中の人々が未だに最も尊敬し、報恩の念から帰依礼拝するのであります。

法の六徳

次に法について見てみましょう。仏法、正法などとよくいわれる仏教の法ではありますが、この法とはいかなるものなのでしょうか。法はインドの言葉では、ダルマ（Dharma）、又はダンマ（Dhamma）といいます。ダルマは、現代ヒンディ語では、「属性、本性、宗教的義務、善行、宗教、法則」という意味があり、パーリ語のダンマは、「教法、真理、現実存在を現にかくあらしめる働き、規範、性質、道」などとあります。

そもそもこの世の中の法則、摂理、性質を意味しており、だからこそ教え、宗教という意味にも使われるのでしょう。普通宗教というと、人間を超越した存在に対する信仰やその教義。そして儀礼をともなうものを意味します。しかしインドの宗教にはそうした意味合いは希薄であることが、このダルマという言葉を見ても分かります。

ヒンドゥー教であっても、神との合一を目標とし、その境地に至る修行が重視されます。仏教はもともと私たちと同じ人間として生まれたお釈迦様のさとりを目指し、輪廻からの解脱を遂げることが教えの本義であります。ただ神仏を崇拝し救済を願うというのは本来仏教徒のすることではありません。お釈迦様のその徳を拝しつつ、さとりに向かって歩む者としてあるべきでしょう。

ところで、法というと、インドのサールナートという仏教発祥の聖地にいた頃、ダメーク・ストゥーパという大きな仏塔の前にタイの仏教徒たちが団参にみえて、盛んにチャ・ダンマ・グナ（cha dhamma guṇa）という「法の六徳」と訳される、法の定義ともいえる経文を何回も唱えていたのを思い出します。ここでもその経文を紹介し内容を確認していきましょう。

〈法の六徳〉パーリ語原文

『スヴァッカートー・バガヴァターダンモー・サンディッティコー・アカーリコー・エーヒパッスィコー・オーパナーイコー・パッチャッタン・ヴェーディタッボー・ヴィンニューヒー・ティ』

〈和訳〉

『かの教えは、お釈迦様によってよく説かれたものであり、自分で見るべきものであり、時間を経ずして果を与えるものであり、来たりて見よといいうるものであり、涅槃に導くものであり、賢者によって各々知られるべきものである』

①　お釈迦様によってよく説かれたとは、整然とすべて何も秘匿することなく公にされたということです。特にさとりに至る道程が不要なもの無く、加えるべきものも無く完璧に説かれているということ。秘密にされたようなものはないということです。

サールナートのダメーク・ストゥーパ

②　自分で見るべきものとは、さとりへの道程を進む者にとって自ら見るべきものであり、他者のいうことを信じて進むのではなく、自らが見るべきであるということ。人にいわれてそんなものかと知るのではなくて自分がその法そのものを経験しなくてはいけないのです。

③　時間を経ずして果を与えるというのは、世間の善行の果は時に長い時間を要するけれども、

さとりに至る道程における善行は時間を要せずに果が得られるということです。さとりに近づくほどその功徳は計り知れないほど強く大きなものになるといいます。

④ 来たりて見よといいうるものとは、そのさとりの道程は特定の人たちのものではなく、誰にでも公開し、誰でもが見い出しうるものであるということです。誰が来て見ても不快なものでも困るもの、つまらないものではないということでもあります。

⑤ 涅槃に導くものとは、さとりに至る道程が行者を涅槃に導くということ。聖者に列せられるほどさとりに近づくと自然に悪行が出来なくなり、さとりに至る道だけが開かれているといわれます。

⑥ 賢者によって各々知らるべきものとは、さとりへの道程を歩んだ者に道は修せられ、果は得られ、涅槃が証せられたと知られるものということ。さとりへの道程を歩まない者には知ることは出来ない、つまり実践が不可欠であって、単なる知識だけではダメだということです。

法とはさとりに至る実践の教えであって、それはお釈迦様によってすべて完璧に説かれ、決して秘密にされるようなものではなく、また生まれや階級など人を分け隔てすることなく、広く公開されたものであって、誰もが自分で歩み、最高の善行であるさとりへの瞑想行を修することで涅槃にいたり、なおかつ自らさとったと確認できるものだということになります。

宗教というと、手を合わせ礼拝し、神など人間を超えた存在に感謝をささげお伺いを立てる、沢山の御供えをして救いを求める、願い事が叶うように祈り拝む、という印象があるかもしれません。ですが、本来仏教は、そうしたいわゆる宗教とは全く性格を異にしているということがこれによって知ることができます。信仰や祈りよりも、この世の中のありよう、法則を学び理解して、さとりに向かって善行功徳を積み、実践に励むことが仏教徒のあり方ということになるのです。

僧の九徳

では、僧とは何でしょうか。僧というと僧侶のことだと思われるかもしれませんが、インドの言葉ではサンガ（Saṅgha）といい、現代ヒンディ語では、「群れ、社会、集会、連盟、僧団」を意味します。パーリ語では、このほかに、「僧、教団、和合衆」ともあります。僧とは、ともに和合し群れる者たちのことであり、その一員にも使われるようになったのでしょう。それではもう少し詳しく、ここでもナヴァ・サンガ・グナ（nava saṅgha guṇa）「僧の九徳」という南方の仏教徒たちが仏前でお唱えする経文を紹介してみましょう。

〈僧の九徳〉パーリ原文

『スパティパンノー・バガヴァトー・サーヴァカサンゴー・ウジュパティパンノー・バガヴァトー・サーヴァカサンゴー・ニャーヤパティパンノー・バガヴァトー・サーバカサンゴー・サーミーチ

パティパンノー・バガヴァトー・サーバカサンゴー・ヤディダン・チャッターリ・プリサユガーニ・アッタプリサプッガラー・エーサバガヴァトー・サーヴァカサンゴー・アーフネイヨー・パーフネイヨー・ダッキネイヨー・アンジャリカラニーヨー・アヌッタラン・プンニャケッタン・ローカッサー・ティ』

〈和訳〉

『お釈迦様の弟子の僧団は、よく法にしたがって修行するものであり、真っ直ぐに修行するものであり、さとりのために修行するものであり、人々の尊敬にふさわしく修行するものであって、この四双八輩《しそうはっぱい》といわれる弟子たちは、遠いところから持って来て供えたものを受けるに値するものであり、方々から来た客のために用意したものを受けるに値するものであり、供えたものを受けるに値するものであり、合掌を受けるに値するものであり、世の無上の福田《ふくでん》である』

はじめの四徳は、修行について述べています。①正しく仏法にのっとり、②さとりに向かってまっすぐに、③純粋にさとりのために、④尊敬にふさわしい修行をしている方たちであるということです。

当時もいまも様々な修行の方法があります。むやみに身体を痛めつけるような修行から、薬や香りを用いて酩酊する中で幻覚を見るようなものもあるでしょう。瞑想法にも様々なものがありますが、正しくお釈迦様が教え、弟子たちが継承してきた仏教の智慧をさとるための方法にのっとったものでなければいけないということです。

超能力や奇跡、霊能などのために修行するのでもありません。純粋にさとりという煩悩を滅尽するために修するのです。そして、そうすることで、いかがわしい人々の好奇を誘うようなことなく、人々の尊敬に値する修行でなければいけないということなのです。

そして、そうして修行に励む僧は、四双八輩《しそうはっぱい》であるとあります。四双八輩とは、預流向《よるこう》・預流果《よるか》、一来向《いちらいこう》・一来果《いちらいか》、不還向《ふげんこう》・不還果《ふげんか》、阿羅漢向《あらかんこう》・阿羅漢果《あらかんか》という四つの向と果の組み合わせでトータル八つの階梯にある聖者をいいます。先に述べた四向四果という聖者の階梯にある方たちのことで、「向」とはその次の「果」に向かっている人との意味です。

預流果の聖者は、最高でも七回人間界に生まれ変わって修行し阿羅漢になるといいます。

一来果の聖者は、一度人間界に生まれ変わり修行して阿羅漢になるので一来といいます。

不還果の聖者は、死後天界で修行して阿羅漢になるので不還といいます。

阿羅漢果の聖者は、涅槃に入り生まれ変わることはないといわれます。阿羅漢とは、ブッダ、如来と同義であるのですが、お釈迦様は無師独悟といって、誰に教わることもなく一人で自らおさとりになり他の者たちをさとらしめたのでお釈迦様のみをブッダといい、他の阿羅漢は自らをブッダと名乗らないのです。

あとの五徳は、供養に値するものであるという内容です。⑤遠くから来て供えるだけの功徳があり、⑥方々《ほうぼう》各所から来た客のために用意したものを供養するに値する功徳があり、また、⑦その功徳を期待する者たちによって供えたものを受けるに値する方であり、⑧合掌されるに値する清浄なる方であり、⑨世の中のこの上なき功徳を人々に授け与えることのできる方であるということです。

四双八輩であればこその功徳といえます。ここに述べられた「僧の九徳」は、誠に尊敬供養に値する清浄なる僧侶について述べたものでありましょう。それに引き替え、現在の僧侶の現実は、凡夫僧そのもの。しかし、法に生き、法を伝え、法を修しつつあるならば、僧としての役割を担っているとはいえないでしょうか。

「僧の九徳」のいわんとするところは、きちんとした修行を本《もと》とせよ、それに基づいて供養を受けるに値する者であれ、ということでしょう。ほんの一時期本山で修行らしきものをして、それで修了とするのではいけないのであって、さとりまで修行あり、ということではないかと思います。修行の身であるとの自覚が何よりも必要だということなのです。

だからこそ供養にも値します。だからこそ伽藍《がらん》があるのです。伽藍とは僧伽藍の略で、インドの言葉・サンガーラーマを音写したものです。サンガーラーマとは、サンガ（僧団）とアーラーマ（園林）の複合した言葉で、僧侶が修行生活を快適に送る清浄閑静な僧院のことです。そして、そもそも原初の仏教僧院には仏像などはなく、在家の仏教信者はその修行に励む僧侶を礼拝し、教えを信奉したのでした。

以上、仏法僧について、南方仏教徒が三宝に帰依して唱える経文（礼拝文）を参考に見てきました。この内容は、実はあまり日本では知られていないものです。しかしそれを知るだけで、私たちはいかにあるべきかを学ぶことができる大切な内容といえましょう。

（1）パーリ語はお釈迦様が使用された言語で、聖典語であるサンスクリットに対し実際に日常使用された民衆語であった。伝統ある南方の上座部仏教の聖典はすべてこのパーリ語が使用され、各国に共通の経典が用いられている。それらの殆どがお釈迦様入滅後の雨安居の折に五百人の阿羅漢がラージギール七葉窟にて行った仏典結集（けつじゅう）によって編纂されたという。それらは律蔵と経蔵に分かれ、経蔵は長さと構成に応じて、長部経典、中部経典、相応部経典、増支部経典、小部経典として収録される。詳しくは、片山一良『パーリ仏典入門』大法輪閣参照。

（2）四向四果とは、初歩のさとりといわれる預流果から最高の阿羅漢果までの四つの行果とそこに向かう四つの過程のつごう八段階のさとりの階梯のこと。なお、四果については以下の通り。根本的な無知を破る無常を体験して預流果にさとると、有身見（うしんけん・私がいるという邪見）疑（ぎ・教えに対する疑念）戒禁取（かいごんしゅ・苦行やしきたりなどへのこだわり）が断たれる。もう一度無常を体験すると一来果にさとり、貪瞋痴の煩悩が弱くなる。さらに一度無常を体験すると不還果にさとり、五下分結（欲界に結びつけている五種の執着のことで、有身見、疑、戒禁取、異常な欲、異常な怒り）が断たれる。さらに一度無常を体験すると阿羅漢果にさとり、五上分結（梵天界に対する五種の煩悩のことで、色貪、無色貪、棹挙、慢、無明）が断たれるという。詳しくは、藤本晃『悟りの階梯』サンガ、参照。

（3）　過去七仏ともいわれ、お釈迦様が出世する以前六人のブッダが現れ法を説いたとする。後には過去七仏の前にも多くのブッダが存在したと説くが、私たちに法を説かれたブッダはお釈迦様のみと考える。

五戒の教えについて

戒律とは、どの宗教にとってもある程度規定されているものでしょう。「汝かくあるなかれ」というものは、どこにでも、どの時代にもあったはずです。仏教では、本来誠に厳格にこの戒律を規定してきました。他の仏教国ではいまも大事な、出家たる者にとっても、また在家の仏教信者にとっても大切な教えであり、日々生きるための規範とされています。

一般在家者の守るべき戒に五戒があります。不殺生《ふせっしょう》・不偸盗《ちゅうとう》・不邪婬《じゃいん》・不妄語《もうご》・不飲酒《おんじゅ》の五つです。

布薩《ふさつ》という、満月、新月、半月の日に毎月四回ほど在家者が行う精進日には、在家の仏教徒は八戒を守ることになっていますが、そのときには、五戒の不邪婬戒が不婬戒となり、歌舞音曲《かぶおんぎょく》をせず、午後食事をせず、装飾品、香りなどを身につけないという三つが加わります。

お釈迦様の教えは誠に調《ととの》った完璧なものであるとよくいわれます。なぜこのように五つであって、この順番であるのか、六つではいけないのか、七つであってはいけないのか。そう考えてその他のことをここに入れようとすると、なかなかうまいことが思い浮かばないのです。時代が変わったからといって加えたり、はぶいたりできないということであり、この五戒は広く人類共通の守るべきものだといってもおかしくありません。仏教徒だけが守ればいいというものでもないのです。そして、この五戒のその順番も、おそらくお釈迦様の意図が隠されているのではないか、と私は思います。

〈不殺生〉　では、なぜ不殺生が一番先に来ているのでしょうか。それは何よりも私たち自身が生きるということ、この生に強い執着を持っているからであり、それは他の生き物も同じなのだということを教えておられるのではないかと思います。自分が生きたいなら、他の者も同じように考えているのだから、他の者たちの命を自分の身に置き替えて大切にしてあげなければいけない、他を殺すなら、自分も殺されるぞということをいいたかったのではないかと思うのです。私たちは生きていい、お前たちは生きていなくていいなどということは成り立ち得ないということを。

〈不偸盗〉　そして、私たちが生きていく上で、食べ物にしろ住まいにしろ道具にしろ、物が無くては生きてはいけません。けれども、その物も自分の物を大切に思うなら、他者も同様であると考えて、他者の物を盗んではいけない、かえって、自分の物をみんなと分かち与えることで、自分も良くあるであろうということを教えてくれているのではないでしょうか。

〈不邪婬〉　また生きる上で、私たちには様々な欲がありますが、特に性的な欲求をそのままに行動していたら多くのトラブルを抱え、その社会では生きられなくなってしまいます。なぜなら、邪《よこしま》な行動を起こす相手の人には家族があり親族があり、様々な人間関係のある人だからです。自分や自分の家族を大切に思うなら、他の人や家族を損なうことをしてはいけないということになります。

〈不妄語〉 そして、その人間社会の中で生きるために言葉があります。誰にとっても自分が可愛いものです。自分によかれと思って目先の損得から嘘をかさねるなら、その人は、いずれ人としての信用が無くなり、やはりその社会で生きていく上で大きなハンデを背負うことになります。嘘に限らず、言葉は様々なトラブルを引き起こします。人の悪口、罵詈雑言、おべっか、二枚舌、いずれもその人の人格品格を損なうものです。口から出たものにフタはできません。口は災いの元。自分だけよいようにと思ってはいけません、話すべき時に真実を丁寧に話す、という慎重さが必要です。

〈不飲酒〉 それから大切なことは、我を忘れるということがあってはならないということでしょう。仏教は、いまここにある自分に、きちんと気づきつつあらねばならないと教えられています。当然のことながら、お酒に限らず、薬物によって自分というものをなくし惚《ほう》けてはいけないということです。私たちには、この上なく時に、何もかも忘れてしまいたい、考えないでいたいということがあります。病気のこと、仕事のこと、人間関係のこと、様々なことが心に襲いかかってくるでしょう。ですが、そんなことがあったとしても、お酒などで自分を忘れるなどということでそのことは解決できないということではないでしょうか。やはり、その耐えきれない悩み苦しみではあっても、それをしっかりと受け入れて、何があっても冷静に落ち着いて生きていかなくてはいけないということでしょう。

こうして考えてくると、五戒も、その順番も意図的に、私たちが大切に、重要に思っていることは何か、つまり生きる上で何に本当にこだわって、何に振り回されて私たちは生きているのか、ということを教えてくれています。

お釈迦様の教えは誠に素直に何のてらいもなく素っ気なく、一見有難味《ありがたみ》がないように感じます。しかし、そこには、この五戒のように、どの教えにも本当はお釈迦様の深い意味が込められています。その意図を汲み取り、自分の人生にとって価値ある大事な教えとして受け取っていく必要があるのだと思います。

無常偈について

〈パーリ語原文〉

アニッチャー・ヴァタ・サンカーラー
ウッパーダー・ヴァヤ・ダンミノー
ウッパッジィットヴァー・ニルッジャンティ
テーサン・ヴーパサモー・スコー

〈漢訳〉

諸行無常《しょぎょうむじょう》
是生滅法《ぜしょうめっぽう》
生滅滅已《しょうめつめっち》
寂滅為楽《じゃくめついらく》

〈現代語訳〉

諸行は実に無常なり

生じ滅する性質のもの
生じてはまた滅しゆく
その寂静は安楽なり

〈いろは歌〉

色は匂えど散りぬるを
我が世誰ぞ常ならむ
有為《うい》の奥山今日越えて
浅き夢見じ酔ひもせず

ここに挙げたのは、所謂《いわゆる》「無常偈《げ》」といわれる偈文《げもん》(1)です。これは、お釈迦様が八十歳でクシナガラにおいて入滅されたそのとき、帝釈天《たいしゃくてん》が唱えたとされています。パーリ長部経典に収められた『大般涅槃経《だいはつねはんぎょう》』によれば、お釈迦様が入滅されたそのとき、身の毛もよだつ大地震が起こり雷鳴がとどろいたとあります。

と同時に、梵天が

この世において生けるものは、すべて身体を捨てねばならぬ、
この世において無比の人、力をそなえた正覚者、

かくの如き師、如来さえ、入滅されたことゆえに
と唱え、そして、同時に、神々の王である帝釈天がこの無常偈を

諸行は実に無常なり、生じ滅する性質のもの、
生じてはまた滅しゆく、その寂静《じゃくじょう》は安楽なり

と唱えたといいます。
そして、またこれも同時に尊者アヌルッダとアーナンダも次のような偈を唱えられたということです。

貪りのない牟尼《むに》にして、寂静により去り逝ける、
心安定のかかるお方に、もはや呼吸は生起せず、
動じることなき心をもって、感受に忍び耐えられた、
灯火が消滅するように、心の解脱が生起せり（アヌルッダ）
そのとき恐怖のことがあり、その時身の毛のよだちあり、
あらゆる勝れた相のある、覚者が入滅された時（アーナンダ）(2)

そして、愛着を離れていない比丘《びく》や神々の泣く声がこだまし、その場に倒れ、転げ、のたうち回ったと、その時周りにあった者たちの、あまりにも早く入滅されたお釈迦様への思いをそう書き記しています。

私たちは、この無常偈をどのように受け取るべきなのでしょうか。単にこの無常偈の字面《じづら》を追うことなく、正に私たち仏教徒にとって、最も記憶に留めておくべき、このときの情景から解すべきではなかろうかと思います。

お釈迦様という、この世のすべてのことに精通され、輪廻転生の呪縛から自ら解き放たれ、その真理への道を生涯有縁の者たちに説き聞かせ、多くの弟子らを阿羅漢《あらかん》というさとりの極みに導いた聖者の最後を、その有り様をまざまざと思い浮かべつつ、この偈文を読み味わう必要があるのではないかと思うのです。

そして、ここにあげた入滅直後の四つの偈を一つに解してはいかがでしょうか。なぜならば入滅時にそれらが各々二人の神と二人の仏弟子から同時に唱えられたとしているのですから。

つまり、「諸行は実に無常なり、生じては滅する性質なり」というのは、正にこの比ぶべき者のない無上の力あるお方であられるお釈迦様でさえ入滅し、恐ろしいばかりに地がふるえ雷が鳴り響いて奇瑞《きずい》が起こり、無常のことわりに従われたのであるから、一切の衆生も誰一人としてこのことわりから逃れることなどできない、みな生じたるものは身体を捨て、滅するときが来るのである、と。

そして、「生じてはまた滅しゆく、その寂静は安楽なり」とは、お釈迦様は正に灯火が消え入るかのように生存の因を消し去られ、輪廻の束縛から解脱なされたお方であり、肉体という過去の業の報果をも離れた完全な無苦安穏の涅槃（無余涅槃《むよねはん》）にお入りになられたのであるから、このお釈迦様の般涅槃《はつねはん》（parinibbāna）こそが最上の理想の安らぎなのである、と解釈したいと思います。

そしていまもって、スリランカ、タイ、インドなどの南方上座部仏教の国々では、仏教徒が亡くなると、葬送の儀礼にはこの偈文がパーリ語で唱えられ、火葬されています。この偈文とともにお釈迦様の入滅を思い、お釈迦様の教えを奉じた者として、そのお徳を改めて思い起こし、来世にあってもまた仏教にまみえ、さらに心の浄化に励むべく、そのはなむけの言葉として唱えられているのです。

この無常偈を、わが国にいろは歌として伝えたのは、弘法大師空海であるといわれます。勿論この説には色々な説があるようですが、撰者が誰かはともかく、いろは歌はこの無常偈をわが国のかな文字で記した名句といえるでしょう。いろは歌は、この世の移り変わる様の哀れを情感たっぷりに嘆き悲しみ、その行き着く先の安らかなることを思うという日本的情緒をかき立てます。

しかし、無常偈は、本来もっと理性的に私たちの生きるということの際限を見つめる営みをともなうものではないかと思います。自らおさとりになり、多くの人々を教え導いてさとらせ、完全な涅槃にお入りになったお釈迦様を慕い、そのお釈迦様にすがるという姿勢ではなく、その聖者たちの流れに付いていこうとする仏教徒としての凛とした姿を示す教えとして受け取るべきではないかと思うのです。であるが故にこそ、二五〇〇年もの間大切に唱えられ、伝えられてきているのではないかと思えるのです。

それでは次に、この無常偈をもう少し私たちの身近な教えとして受け取ってみたいと思います。

「諸行は実に無常なり、生じ滅する性質のもの」

はたして、私たちはこのように見ているでしょうか。頭では、世の中のことは、そんなものだよ、と思えたとしても、実際には全く無常ということを認めていない、そのように受け取れないのが本当のところではないかと思います。

異常気象といいながら、暑いの寒いのとつい口に出てしまいます。生活の安定を求めない人もいないでしょう。景気が悪いとか一向に良くならないと知らず知らずのうちに不満を述べているのではないでしょうか。また、家族の誰かが重い病気に罹《かか》ったときの困窮狼狽《こんきゅうろうばい》を考えてみただけでも、私たちは無常ということをただの言葉としてしか理解していないことが分かります。

そして何よりも、この無常であるが故に生滅する、ということを我が身のこととして捉えねばいけないのでしょう。たとえば、自分がガンと診断されたとしたらいかがでしょうか。治る見込みのない病気に罹ったに違いないと思った瞬間に、誰もが胸に杭を打たれたかのような重苦しい思いにとらわれるのではないでしょうか。なぜ私なのか、何が悪かったのか、どうして隣の人ではなく自分なのかと。

そんな思いが堂々巡りを繰り返し、眠れない夜を幾晩過ごせば心にいくらかでもゆとりが出来るのか想像も出来ない、誰もがその場面に遭遇すれば同じように憔悴《しょうすい》するのではないかと思います。だからこそ、無常ということ、生じたものは必ず滅するという真理を、私たちは自分自身のこととして受け入れることを学ぶ必要があるのです。

「生じてはまた滅しゆく、その寂静は安楽なり」

私たちはこの人生について、二度と無い人生などといわれ、死ねばそれで終わりと思ってはいないでしょうか。どこかの宗教者のいうままに、死んだら天国に行くなどと思っている人もあるかもしれません。ですから、自分は死んだらどうなるのか、と改めて考えることもないのかもしれません。勿論、学校で教えてくれることもありません。

仏教では、死ぬと生前になされた業にしたがって生まれ変わると教えられてきました。だからこそ何万回と繰り返されてきたとされるこの果てしない輪廻の苦しみから解脱するために、お釈迦様は出家され苦行に励み、禅定に入り真理を得て、さとりを開かれたのです。そして、そのさとりへの道筋を指し示す教えをお説きになられました。そのお蔭で仏教があります。

では、輪廻はなぜ苦しみなのでしょうか。それは、衆生は六道に輪廻するともいい、死後人間として生まれるとも限らないからであり、行いによっては、次の生では地獄に生まれるかもしれないし、畜生なのかもしれません。鎌倉時代に浄土教が熱病の如くに広まった背景には、この輪廻思想が浸透していたことがあり、だからこそ極楽に往生したいと当時の人々は考えたのでした。

「殺生を好む人は来世では地獄に生まれ変わる。もし人間に生まれ変わったとしても短命となる。手や棒で人を叩くような人も地獄に生まれ変わる。もし人間に生まれたとしても多病となる。怒りを好む人はたとえ人間に生まれたとしても醜悪に、欲が深く他に施さない人も人間として生まれたとしても、とても貧しい人になる」と。業といわれる行いの報いについて経典（パーリ中部経典一三五『小業分別経』）は、このように記しています。

厳しい季候環境、過酷な階層社会に暮らすインドの人々、また政情不安の中で貧しい生活に日々追われる東南アジアの人々、いずれも人間としての生も苦だと実感しているでしょう。しかし私たち日本人も、暮らしは遙かに贅沢ではありますが、働けど働けどわが暮らし楽にならずという状態に陥りつつあります。失業して職に就けなくなってしまった人も多い時代です。また複雑な人間関係に神経を疲弊させてもいます。自殺する人が絶えない現実、凶悪な事件に巻き込まれる不安の中で生きてもいます。

いかにしたらこうした苦しみの現実から解放されるのか、そのことを説くのが仏教であります。そして、その教えを自らの意思によって学ぶことができるのも、六道の中で人間界をおいて他にありません。何気なく安逸のままに生きてしまっていますが、こうしてなんでも思い通りにやろうと思えば出来る人間界にいるということが、本当は誠に貴重な得難い時間を生きているのだということになります。

漠然と幸せを求め、生きがいを探しつつ、人生を歩みます。ですが、気がつくと、既に人生の半ばにあることに愕然とすることもあるでしょう。残された時間は僅かであることを知りつつも、それまでに培った価値観を変えることはそう簡単なことではありません。今際《いまわ》の際《きわ》に、本当に納得し良い人生を歩むことが出来たと満足するには、どうしたらよいのでしょうか。

ことここにいたって、「その寂静は安楽なり」、心の安穏、静謐《せいひつ》、つまり輪廻からの解脱に至るさとりこそが本当の幸せなのです、ということの偈文を反芻《はんすう》することは、来世への土産として意味あることなのではないかと思います。

人としての営みを無為に過ごすことなく、本当は時を惜しんで教えを学び、実践しつつ心を磨くことは、仏教徒として課せられた私たちの責務なのかもしれません。大恩教主であるお釈迦様が、灼熱の大地を裸足で旅をしつつ、人々に教え諭し、入滅するそのときまで説き聞かせた、その教えをたよりに、私たちは「戒名」というブッディスト・ネームをもらって次の世に旅立っていくのですから。

（1）偈文とは、音節の数、長短の組み合わせを要素とする韻文のことで、インドの言葉ガーターの訳語。
（2）『原始仏教』第八巻、長部第十六「大般涅槃経」片山一良訳中山書房仏書林、一四七、一四八頁より。

煩悩即菩提ということ

広い境内を持つお寺も含め、どこの家でも屋敷を管理する上でのやっかいな問題の一つに雑草があります。

雑草は、同じ場所でも季節に応じて様々な種類の雑草がはびこり、抜いても抜いても気がつくと生えています。できることなら雑草は無い方がいいと誰でも思うことでしょう。ところが、無ければ無いで困るものでもあります。それこそ草取りという神聖な仕事が無くなってしまいます。それは冗談にしても、何よりも草が生えないということは、そこは不毛の土地ということになるのではないかと思います。

昔、ある雲水さんに聞いた話ではありますが、砂漠に作物を実らせる仕事をしている人がいて、砂漠に何か作ろうとしたら、まず雑草のような植物から植えるのだそうです。そしてだんだんと大きなものを植えていき、それから草ものの作物、実の成るもの、根菜類、果物となるのだといいます。

とはいえ、どこでも同じということはなく、植物は特定の環境に特定の種類で群れをつくり、しかもその生えてくる順番がきちんと決まっています。だから、その地域の特性に合わせて、その順序に従って植生をつくっていくのだということです。そして、植生が回復されれば土壌、微生物、昆虫、鳥などの一つのまとまった生物群集が復元されて自然が蘇るのだとか。

ですから、その第一歩である雑草が生えているということは、その土地には命があるということの証拠なのでしょう。

ところで話は変わりますが、仏教では、いやそうではなくて、大乗仏教、それも中国で主張されるようになった思想に「草木《そうもく》成仏」があります。インドでは、六道輪廻する衆生と植物はきちんと区別されていたのに、草木も成仏するというのです。

『日本仏教史・思想史としてのアプローチ』（末木文美士著　新潮社文庫）によれば、「最も早くこの点を主張したのは（中国）三論宗《さんろんしゅう》の吉蔵《きちぞう》（五四九～六二三）の『大乗玄論』ではないかと思われる。その後、華厳・天台・禅などでもひろく草木成仏が説かれるようにな」ったのだということです。

「空《くう》」という絶対の立場から、主体的存在である衆生とその環境世界である草木は不二一体のものであり、衆生が成仏するなら草木も成仏する、また、三界唯心《さんがいゆいしん》の立場から、全世界は衆生の心が造りだしたものだから衆生が成仏するなら、その対象である草木も成仏するのだとか。さらには、仏の絶対的な立場から見ると、全世界は平等に真理そのものだから、衆生も草木も区別なく成仏するなどといわれるのです。

ここで、だから雑草も仏なのだから尊いのだ、などといいたいのではありません。その議論が日本に来て更に発展して、平安中期あたりから近世にかけて、盛んにこの私たちが目にする現象世界そのものがさとりの世界なのだと、すべてを肯定する思想に変形していってしまいます。そうして煩悩即菩提などという言葉も一人歩きしていきます。

勿論それは、さとりを得た仏の立場から発せられた言葉として、もともとはあったようです。本来は、何度も輪廻を繰り返しつつ戒定慧《かいじょうえ》の実践のもとに煩悩を滅尽してはじめて菩提に至る道を仏道としていました。

しかしそれが、日本仏教が思想として展開していく中で、仏性という仏の性質が誰にも内在しているとして、この身このままが本来の仏である、まったく修行を必要とせずに凡夫の身のままでこの世界の全体性が空・真如《しんにょ》などとして体得できると考えられるようになりました。だから、煩悩即菩提。この身の生身におこす煩悩が、そのままさとりの縁になるといわれるのです。

何故にそのようなことがいえるのか、現代に生きる私たちは、それをどのような教えとして解釈し受け取ったらよいのでしょうか。実は長い間、この言葉は私にとって解決すべき難問中の難問でした。

ここで、冒頭に述べた雑草に登場していただこうと思います。先日、本堂脇の雑草を取っていて、ハタと気がついたのです。煩悩とはこの雑草なのではないかと。だから煩悩が無くてはいけないのです。雑草が無くては作物が実らないように、煩悩が無くてはさとりがない、煩悩がある心だからこそ、好悪の感情があり、善いことと悪いことを判断し、真理にも気づくことができるのです。

人間は誰しも煩悩をもって生まれてくるのですが、その煩悩に思い悩み、悪い行いを思いとどまり、善行功徳ある行いを選択することもできます。だからこそさとりを目指して自らを律してもいけるのです。六道に輪廻する衆生の中（不還果《ふげんか》を得て天界に赴《おもむ》いた聖者を除く）で、唯一自らの行いによって煩悩を滅し解脱できるのは人間だけなのです。

煩悩即菩提とは、つまり、自らの行いによって煩悩を菩提に転じることのできる人間としての位置を表現したものといえましょうか。私たちが輪廻転生を繰り返してきた、はてしなく長い時間を考えれば、煩悩ばかりの身ながらそれを断ぜられる、きわめて得難い位置に生まれたということを、仏教徒としてきちんと認識すべきなのではないかと思います。

何も学ばず何も功徳を積まないのであれば、雑草である煩悩に取り巻かれ、苦楽の世界に無為な時間を浪費しただけの人生ということになります。それは､雑草を放置して､咲かせるべき花、実らせるべき果実を育てられなかったということを意味しています。

普通は誰もが雑草には見向きもせず、きれいな花を咲かせたり、作物を大きく実らせるために熱心になるはずです。そのように、私たちは、心の中の雑草をどう取り去り、どのように作物を実らせたらよいのかと思索すべきなのではないかと思うのです。

かつてお釈迦様は、田を耕すバラモン・バーラドヴァージャに、ご自身の耕作について問われ、次のように答えられました。

「わたしにとっては、信仰が種である。苦行が雨である。智慧が軛《くびき》と鋤《すき》とである。慚《は》じることが鋤棒である。心が縛る縄である。気をつけていることがわが鋤先と突棒とである。

身をつつしみ、言葉をつつしみ、食べ物を節して過食しない。わたくしは真実をまもることを草刈りとしている。柔和がわたくしにとって牛の軛を離すことである。

努力がわが軛をかけた牛であり、安穏の境地に運んでくれる。退くことなく進み、そこに至ったならば憂えることがない。

この耕作はこのようになされ、甘露の果実をもたらす。この耕作を行ったならば、あらゆる苦悩から解き放たれる」(1)と教えられたのでした。

そして、バラモン・バーラドヴァージャを教導し、具足戒を授けて出家させ、彼はひとり他の人々と離れて怠ることなく精励専心して、ついに無上なる涅槃を成し遂げ解脱したと、この経典には記されています。

このお釈迦様の言葉は、無為徒食の出家僧という批難に対して、出家者としての耕作とはこのようなことをいうのであると表明されたものです。こうしてなされた耕作の末に得られるとした「安穏の境地」とは、涅槃・さとりと同義であり、「甘露」とは、不死という意味もあり、それは輪廻からの解脱を意味します。

私たちにとって、まずは繁茂《はんも》する雑草・煩悩に埋没することなく、信仰の種を植え、修行しようという志を持ち、智慧でもって心を耕す。自らのいまの行いや思いに心とどめ、慚愧《ざんき》の念をもって身をつつしみ言葉をつつしみ、知足を心がけ、柔和な心をもって適度を知り、正しい行いによって雑草である煩悩を刈り取る。そうして、不退転の精進努力により、人生の作物や果実であるさとりを得て、輪廻からの解脱を手に入れられるということになりましょうか。それが、唯一煩悩を菩提に転じられるが故に人間であり、人間であるからこそ解脱できるということを表現した煩悩即菩提の意味するところではないかと思います。

耕作できる土地があるなら、誰もがより多くの実りを期待して努力工夫することでしょう。そのように、受けがたき人間界に生を受けられたからには速やかに煩悩を菩提に転じるべきであるということを教えられた言葉として、この言葉を受け取りたいと思います。

(1)『ブッダのことば・スッタニパータ』一・四　中村元訳岩波文庫、二三頁より。

山川草木悉皆成仏とは

日本の仏教ではよくこんなことをいいます。山も川も草も木もみんな仏なんだ、さとっているんだと。分かったような分からないような。それでもこの言葉は一人歩きして自然は仏なのだから大切にしようということになって、環境問題の会合で突然この言葉が飛び出してきたりしているようです。

さとるのはものを考える能力のある人や神々のような存在であって、本来仏教では植物や自然環境は輪廻の中に含めないのですから、さとるということはないし、解脱もないのです。それでも我が国の仏教ではよくこの言葉が使われます。

円空仏という独特の荒彫りの木像仏があります。江戸初期の天台宗の円空という僧が、自らの修行と教化のために、十二万体の仏像を彫る大願を起こして、木の中に

円空仏

仏を見てそこに仏を彫り魂を入れたものです。また大きな石や岩にそのまま仏を刻んだ磨崖仏《まがいぶつ》というのも全国各地にあります。これらは何《いず》れも自然の中に仏を見出した例といえましょう。

しかし、私はこの言葉、山川草木悉皆成仏《さんせんそうもくしっかいじょうぶつ》とは、自然に仏性があるとか、もともとさとっているということではなく、その自然の中にお釈迦様が教えられたさとりへ至る教え、真理、法則がそのまま見いだし得る、私たちがさとるために学ぶべきものがある、あたかも仏が説法しているかの如くそこから教えが聞こえてくる、と受け取ったらいかがであろうかと考えています。

だからこそ自然は仏なのです。なぜならば、仏とは私たちをさとりへ至らせるために教え導く存在であるのですから。何気なく見る草や木々の生態に、自然界の法則をそのまま窺い知ることが出来ます。川の流れ、大地の転変にこの世の真理を見いだすことが出来ます。

だからこそ、そこにブッダの本性が見いだされるのであり、仏といわれるに匹敵する智慧が隠されているのです。ということは、本来、あらゆるすべてのものから私たちは教えを得ることが出来るということになり、やはり必要なのは私たち自身のそれを受け取る能力、感性、探求心こそが求められているのだと思います。

即身成仏について

密教(1)では、よく即身成仏という言葉が登場してまいります。他の教え、つまり顕教《けんぎょう》という密教以外の教えが三劫《さんごう》という果てしない時間の末にしか成仏できないといわれるのに比べ、誠に優れた即身成仏できる教えが密教であるというのです。弘法大師は『即身成仏義』という書を著して様々な論証をされ、それに基づいて後生の数多の学僧が研究されてきました。

はたしてこの即身成仏とはいかなる教えなのでしょうか。それらの研究書では専門用語ばかりか、説かれる言葉も難しく、引用される経論は更に難しいようです。その真義をくみ取り、いまの時代にどう、そのメッセージを私たちは受け取るべきなのでしょうか。

即身成仏は古来より、大きく三つの意味に取れるといいます。一つは、「すなわち身、なれる仏」と読み、この宇宙森羅万象すべてが仏の現れとしてみる立場から、私たち人間も含めたすべてのものは、そのまま仏であると解釈します。

しかし普通、私たち凡夫は沢山の悩み苦しみを抱えて自らを仏とは思えないものなので、速疾《そくしつ》に成仏できるとする密教の修法が必要となります。そこで二つめは、「身に即して仏となる」と読み、煩悩に覆《おお》われて隠れている仏を開き見るために、凡夫は身に印《いん》を結び、口に真言を唱え、意《こころ》に仏を想う三密の修行をもって仏と一体となる境涯を一時的に体験します。

そして、三つ目が、「すみやかに身、仏となる」と読んで、その一時的な境涯を絶えず積み重ねることで、常に四六時中仏と一つになり仏の働きを生きることができるとするのです。これが真言密教における伝統的解釈のようです。

しかし、人間そう簡単に理論どおりに生きることもできなければ、継続する忍耐にも欠けているものです。密教の修法も専門に修行する僧侶としてならいくらもできましょうが、一般在家の人々には及びもつきません。

それでも、即身成仏という言葉の意味するところが、現代の私たちにとってまったくナンセンスなこととも言えないと思えるのです。この言葉を、凡夫の一人である私たちは、それでも意味あるメッセージとしてどのように受け取ったらよいのでしょうか。

さて、即身成仏がいわれる前には三劫成仏《さんごうじょうぶつ》が唱えられていました。三劫もの時間を経なければ成仏できないというと、果てしない後の世に向けて私たちはどうしたらよいのか皆目見当もつかないということになります。

劫とは、牛車で一日行く距離を一辺の長さとする大きさの四角の石を百年に一度薄い布で払ってその石がなくなってもその劫は終わらないというほどの長い時間をいいます。三劫成仏とは、その劫が三回経過してやっと人はさとりが開けるというのですから、無理ですといわれているのに等しいのです。

それに対して即身成仏という言葉が使われたのですから、そんなに先のことと思わずに、速やかにさとれるのだから、いまこの瞬間を真剣に、大切にしなさいということではないかと私は思います。たとえば、来年受験するのだから遡《さかのぼ》っていまの時期はこれとあれと勉強しなければと思うのであって、それが十年も二十年も先に受験があると思えば、何のことはない毎日遊んで暮らしてしまうでしょう。

さとりもそれと一緒で、いまという思いが大切だということなのではないかと思います。明日でもなく、今日の、それもいまということではないかと思います。即身とは、いまこの自分において、ということでしょう。いまこの自分においてさとりということと真剣に向き合って生きよ、ということではないでしょうか。

ただ、さとりというと何か縁遠いことに思われるかもしれ

高野山壇上伽藍にて

ません。しかし、さとりとは最高の幸せのことであって、誰もが求める幸せの最高のものだと思っていただいたらいかがでしょうか。お釈迦様は、自らその最高の幸せである、何者にも依存しない、何にもわずらわされることのない、安穏な境地に至りました。それを成仏というのです。

だからいまこの自分のさとりに真剣になるということは、自分がいま本当に幸せであるように生きよ、ということではないでしょうか。ではどうすれば本当に心から幸せだと思えるでしょう。いま幸せであるようにとは、いまさえよければいいという先々のことを考えない刹那《せつな》主義のことではありません。

また、自分だけ良くあればいい、自分だけ喜べればいい、一人幸せな気分を味わえば満足だということでもありません。少しも空しさが残らないように、後悔が少しでもないようにするには、やはり自分も家族も周りの人たちも、みんな良くあることが必要になります。

周りの人々がにこやかに幸せな顔をしていて、はじめて心からの満足感、幸福感が湧いてくるのではないでしょうか。周りの人たちに何か自分がして喜んでもらう、善いことをした満足感、役に立ってうれしく思う、そうしてはじめていまのこの自分の幸せを手にできます。もちろん、そのためには自分もその立場に応じて、しっかり生きていなければいけません。そうして身近な小さい幸せかもしれないけれども、その積み重ねが本当の幸せということに繋がるのではないでしょうか。

仏教では、身と口と意《こころ》のなすことを行いといいます。その瞬間瞬間のそれらの行いが業となり、将来の自分をつくっていきます。いまがやはり大切なのです。ですから明日ではなく、十年先でもなく、死んでからでもなく、来世でもなく、いま、この瞬間を真剣に最高に幸せに生きようではないか、というメッセージとして即身成仏という言葉を受け取ってはいかがなものかと思うのです。

（1）密教とは、秘密仏教の意。応身仏である釈尊の説法を顕教（けんぎょう）とするのに対し、法身仏・大日如来が法を説くとするのが密教で、クシャーナ朝からグプタ朝にかけて呪法や儀礼を尊重する密教化がヒンドゥー教とともに進んだ。日本では、真言宗、天台宗の一部が密教であり、海外ではチベット並びにネパール、モンゴル、ロシアの仏教が密教である。

救われるということ

「仏様を信じれば本当に救われるのでしょうか」と、ある方から問われました。突然のことでしたが、とっさに仏様を信じるとはどんなことだろうか、救われるとはどんなことだろうかと考えました。だれもが漠然とそう思いがちなことではありますが、しかしそれは本当に切実な問題なのだろうと思います。

それでは、仏様を信じるとは、仏様の何を信じるのでしょうか。仏様という存在でしょうか。仏様の慈悲心でしょうか。それともその教えでしょうか。

仏様という存在に対する私たちの漠然とした思いは、もう少しはっきりいうとやはりそのお力、救って下さるであろうと思えるその働きということではないかと思います。仏様のそうしたやさしい心を信じるということであるならば、何もしなくても救って下さるのだろうか、どのようにしていたら仏様はお救い下さるのかと考えねばならないのではないかと思います。

また、仏様の教えを信じるということになれば、お釈迦様がどんなことをお話になられたのか、どんなことを私たちに願っているのかということを知らねばなりません。

お釈迦様は、この世とはどういうものか、私たちが生きるとはどのようなことで、なぜこのような不安の中にあるのか、その心を安らかにするためにはどのように考え、どうしたらよいかということを教えられています。そして私たちに早く自分のところへ来ること、つまりはさとることを願われています。

日々少しずつでも研鑽し近づいてくるように願っておられるのです。

普通、私たちが何かを得ようと思ったら、金品なり、何かすることによって実現する、かなえられるということになります。人に何かをお願いすることを考えても、それなりに筋を通し礼を尽くしてお願いするということが必要でしょう。

仏様に何かお願いする場合でも、やはり何か必要であろうかと思います。お供えをしたり、お経を唱えたりということはだからこそなされるものなのだとも思います。お経を唱え、教えを学び、一心にお唱えするところに心静まり、心清まる。そうして信じることができる。

つまり信じるということは、そうした自らの心が改まる、清まる、変質することを伴うものなのだともいえます。

それでは次に、救われるとは何でしょうか。どうなれば救われたと私たちは思えるのでしょうか。死後の救済ということでしょうか。死んでから仏様のところへいくということでしょうか。死後、仏国土にいけたら幸せでしょうか。それでは、仏様の世界とはどのようなところなのでしょうか。浄土三部経にはきらびやかな荘厳《しょうごん》世界が描かれていますが、私たちはそこへいけたら本当に幸せなのでしょうか。

仏の世界、それはさとりの境地のことだそうです。パラダイスのような、夢のような、何でも願い通りになるような快適な世界ではなく、逆に何もなくても憂いのない世界と表現した方がよいのだと思います。私たちは、なぜか仏様に自分の欲や煩悩のままに都合よく、願いを聞いて下さったり、安楽をもたらして下さると考えがちです。

ですが、仏様の世界というのは心の次元の話ですから、とても清らかで簡素な品行方正な厳粛な世界なのだろうと思います。私たちの心が想像する快適な世界と思ってしまうと少し違うのだと思います。仏様方にとって快適な世界なのでしょうから。

たとえば、いまでも、ものすごく心を清らかなものにするために、山に入り修行を重ねる人たちがいます。スリランカやミャンマー、タイなどでは一日瞑想ばかりして、毎日毎日それだけの生活をされている人たちがいます。その人たちは何もなくても、瞑想して心が穏やかで静かな毎日が心地よいのです。一時的にそんな生活に憧れてその場に行ったとしても、一週間、一ヶ月が普通の人には眼界ではないでしょうか。

一生そこで、周りの人たちの供養を受けていられる人たちの心はどれだけ高次元のものなのか想像もつかないのです。仏様の世界とは、そうした人たちよりも心のレベルがさらに高い人たちの世界だと思ったらよいのだろうと思います。

ですから、簡単に仏様の世界にいきたい、安楽な世界にいきたいと思っても、ちょっと普通にいられるところではないと思えます。それにかなう心を作らねばいられない、安易に立ち入ることができないところだといえるのです。

ですから、死後のことよりも、いまいるこの世界で、私たちのこの居やすいところで、少しでも救われてあるようにした方がよいのかもしれません。いまが不安でつらいならば、死後の世界もその不安のままにそれに相応しいところに身罷《みまか》ることになります。

それでは、いまが安心できるようにするにはどうしたらよいのでしょうか。安心できるとはどういうことでしょうか。

安心とは、いまのこの自分、そのままで良いと思えることではないかと思います。満ち足りていると思えること。ですが、それは、とても難しいことだと思えるかもしれません。

誰にも不安があり、心配があり、憂いがあるものなのかもしれません。ですが、たとえ何かあったとしても、それで良い、そんなことがあっても当然だと、世の中とはそんなものですと思えるならば、それはそれで自分にとってはいまの自分で良いのだと思えるはずです。

逆に、何かあると、ちょっとでも不満なことがあると面白くない、つまらないと思ってしまったら、どんなことがあっても喜べず、幸せは永遠にやってきません。

お釈迦様がこの世の中は苦しみばかりですよといわれるように、大変なことばかりなんだと諦めて、何があっても、それで当然なんだと思えたら、何があってもその人はいつも平静な落ち着いた心でいられますし、そうした自分でいいんだとも思えるでしょう。

　そして、少しでも、お経などを唱えたり、お釈迦様の教えを学んだり、自分のことばかりでなく周りの人によくしてあげて徳を積む、つまり善業を蓄える。日々の生活の中からその学んだ教えに得心がいく。そしていろいろな人やものたちのお蔭で自分は生かされている、大きなそうした存在に自分は支えられているのだと思えるとき、心は清まり、心改まっている自分にも気づくことが出来るでしょう。そのとき、既にその人は救われているのではないでしょうか。

　みんな誰もが、毎日大変なことばかりの世の中です。それでもやらなければ生きていけません。いいたいことが山ほどあっても、いってどうなるものでもないのですから、いずれ何も思わないようになるでしょう。死後のことにも思い煩《わずら》うこともなく、そうして大切に一日一日を生きたらよいのだと思います。

　お釈迦様も、「久しく遠くにありし人、無事に帰来せば、親戚朋友これを歓迎するがごとく、善業をなして、現世より後世に到る者は、その善業に迎えらる。親戚その愛する者を迎うるがごとく」[1]と教えられています。

　日々飽きずに、大変だとは思っても、嫌だと思わずにやり遂げて、少しずつでも徳を積む。そんな自分を誇らしく思え、そんな自分だからこそまた生かされているんだと思えるならば、それこそが救いなのではないでしょうか。そうして、その人はすでに仏様に救われてある自分に気づくことでしょう。

ですから、いまこうしてあることがすでに救われているのだと思えるようでありたいと思うのであります。

（1）法句経二一九・二二〇偈、渡辺照宏『新訳法句経講話』大法輪閣、四九頁。

最期は慈悲の心で
――ガンを患ったNさんへの手紙

拝啓　初秋の候、Nさんにはその後入院なされて落ち着かない日々をお過ごしかと拝察いたします。その後、ご気分はいかがでございましょうか。先日は、病身を押して遙々当山までお詣り下さいまして、ご苦労さまで御座いました。母方の先祖をたどり、ご供養なさった功徳は、誠に甚大なものであり、そのご奇特な御心によって、あのとき体調がとてもよろしい状態にあったのだと存じます。

その後、お電話で二十一日間のご祈祷をご依頼になり、それからお兄様がお越しになって写経とお布施をお預かり致しました。体調不良の中で、あれだけの写経をなされたことにただただ驚嘆いたします。ご苦労様でした。

写経は、お経というこの世に遍く幸せをもたらす教えを永くとどめ伝えるための善行であり、その功徳は計り知れないものがあるとされています。Nさんの写経は、末永く当山本堂に蔵し保管させていただきたいと存じます。ありがとうございました。

またその際、お兄様より最新の治療法を受けられるようになられたと伺いました。それも一番に。誠に得難いことであり、何とかその最新の治療法が功を奏し、またお薬師様への御祈願が通じ、全快なさることを念じたいと存じます。

さて、Nさんが当山にお詣りをされました際に、僭越《せんえつ》ながら少し心についてお話いたしました。慈悲の心を保つことを申し上げたように思いますが、突然のことでよくお分かりにならなかったかもしれません。

ガンという病におかされ、「どうして私が」「何かすべきことをしていなかったからか」「ご先祖のお墓が放置されたままだったからだろうか」などと様々な思いが湧いてくることと思います。「死にたくない」という思いを抱かれることも自然のことだと思います。もっと生きたいと思うのは誰でもがもっている気持ちです。

ところで、私たちはみな人として生まれ、自分がどのような人生を歩むか、明日どうなるかということさえ、じつは誰一人として知らずに生きています。唯一確かなことは、生まれた以上いつかは死ぬということだけです。誰もが明日のことさえ分からないで生きているのに、一日一日死に向かって生きていることだけが確実なことだといえるのです。

つまり、健康な人は、そんなことを意識もせずに漫然と日々を過ごしていますが、実は、Nさんが感じているのと同じくらいに、誰もが本当は死と隣り合わせに暮らしているということなのです。

それでは、どうして私たちはこんなに悩み苦しみ多い、大変な人生を生きているのでしょうか。生きる意味、または目的とは何なのでしょうか。私たちは死ぬためにただ時間を浪費しているだけなのでしょうか。

先日輪廻ということについても少しお話いたしました。人は死ぬと、その瞬間までに作り上げた心の次元に相応しい世界におもむいて転生し、心の修行を重ねるのです、ということをお話し申し上げました。何度も人としての生を与えられながら、その度に同じような心の次元を繰り返すならば、人として生まれた貴重な時間を無為に過ごしてしまったことになります。

そこで仏教では、人は前世の心を引き継ぎ、様々な経験の中からその心の次元を高めていくべく学び、心の成長を遂げていくために生かされているのだと教えられているのです。お釈迦様は、生老病死《しょうろうびょうし》の苦しみについて思索し、生きること、老いること、病になること、そして死することの悩み苦しみから解き放たれんがために修行され、そうしたすべての苦しみから解脱されたお方です。

どこに生まれるかも分からず、その生まれたところで生きることを強いられるのも、老いたり病にかかり死すことと同じように苦しみなのだといわれています。生きることも、実は死と同じくらいに、つらいこと難しいこと苦しいことなのではないでしょうか。

Nさんは、当山の位牌堂で、かつて幼少の頃に、死のイメージをとても怖いもの恐ろしいものだと心に刻まれたといわれました。何度も誕生と死を繰り返してきた私たちではありますが、過去世の記憶は失われ、今生に植え付けられたイメージで何もかも考えがちです。ですが、真面目に清らかに生きてきた人にとって、死は決して恐れるものではないと教えられています。

死は今生の終わりではありますが、また四十九日後には新しい身体を与えられ、新たな誕生を迎えるのです。その新たな誕生を迎えるにあたり大切なのが、自分自身のいまの心なのです。お釈迦様は、『一夜賢者経』（パーリ中部経典一三一）というお経に、過去を振り返ることなかれ、未来に思いはせることなかれ、ただいまをしっかりと生きよ、と次のようにおっしゃられています。

過ぎ去れるを追うことなかれ。
いまだ来たらざるを念《ねが》うことなかれ。
過去、そはすでに捨てられたり。
未来、そはいまだ到らざるなり。
されば、ただ現在するところのものを、
そのところにおいてよく観察すべし。
揺らぐことなく動ずることなく、
そを見きわめ、そを実践すべし。（中略）

ただ今日まさに作《な》すべきことを熱心になせ。

かくのごときを一夜賢者といい、また、心しずまれる者とはいうなり(1)

生きたい、もっと長く生きたいと思うことは、誰の心にもあることだと申し上げました。ですが、あらためて強くそのことにだけ心が向かうのならば、それは、それまでの人生に多くのやり残したこと、ないしは納得していないことが多くあること、自分の人生を肯定していないことを表しているように思えます。Ｎさんがそうだと申し上げている訳ではありません。そういえるだけ私はＮさんの心の中が見える訳ではありません。

ですが、もしも、一瞬でもそんな思いが強くこみ上げてくるようなことがおありならば、どうか、これまでの人生を振り返り、ご家族や周りの人々、また多くの人たちから受けた、たくさんの喜び、幸せな気持ちを思い出してみて欲しいと思うのです。

皆さんの顔を思い出され、それらの多くの人たちのお陰でこれまで幸せに暮らしてこられたことを思い出して欲しいと思います。そして、ご主人様、ご家族、ご兄弟、それら縁のあった方々、さらにはその皆さんを支えてくれている生きとし生けるものたちに感謝の気持ちとともに、その幸せを願ってあげて欲しいと思うのです。

お釈迦様に「今日まさに作《な》すべきことを熱心になせ」といわれても、病院のベッドの上に居られて何をしたらよいのかとお思いになられることでしょう。

ですが、正にこうした慈悲[2]の心に住することこそが何にもまして、私たちに必要な善行となるものなのです。実際に身体をもってなされる功徳ある行為は正にこうした心を得んが為になされるものなのですから。

まず、自分自身の幸せを心から念じ、それから、身近な人一人ひとりの顔を思い浮かべながら幸せでありますようにと念じます。そして、すべての生きとし生けるものたちが幸せでありますようにと念じて下さい。

どうか、目を閉じ心落ち着かせ、ゆっくりと心の中で唱え、時間をかけて念じてみて下さい。必ずや自然と心の中にあたたかいものがこみ上げ、心安らかになり、何も恐れるものがなくなっていることと思います。

この慈悲の心は、お薬師様の心そのものでもございます。どんな人でも温かく迎え、悩み苦しみを癒して下さるお薬師様の温かい心そのものです。

同封いたしましたお薬師様の二十一座ご祈祷の札とともに、お薬師様の心と一つになられ、心の安らぎとともにお身体も回復なされますことを、切にお祈り申し上げます。

合掌

（1）増谷文雄『仏教百話』ちくま文庫、二〇二頁より。
（2）慈悲、詳しくは本書二一九頁参照。

供養の先のこと

供養という言葉、よく使われるだけに何となくみんな分かっていると思いがちです。しかし、「供養とは何ですか」、などと問われると実は困ってしまうのではないでしょうか。はたして供養とは何なのか、何をしたら供養といえるのでしょうか。

先祖の供養、亡き精霊《しょうろう》の供養。お寺などで、よく供養してあげてください、などといわれ、その気になって返事はするものの何となく落ち着きの悪い思いをしたことはないでしょうか。供養とは、インドの言葉プージャー（pūjā）を、中国で翻訳した言葉です。プージャーとは、インドではよく聞く言葉で、神様の御像を前にお供えをして香を焚きお経を唱えることです。仏教寺院でも、朝のお勤めのことをプージャーといいます。

コルカタの僧院にいた頃、いつまでも起きてこない若い比丘がいて、起きてきて顔を洗ったかと思うと食堂に行こうとするので、「プージャーに行け」と叱られていた声を思い出します。そしてこのプージャーには、お供え、礼拝の他に、尊敬する尊崇するという意味があります。尊敬する気持ちがあるからこそ、礼拝するのですし、沢山の御供えをしようという気持ちにもなります。

普通、六種の供養などといわれ、仏前には、花、灯明、線香、仏飯、茶湯を供え、自身には塗《ず》香《こう》を手に擦り込み、手を合わせ礼拝します。お寺の本堂に参ったり、仏壇で拝むときも、また、墓などで石塔を拝するときも同様でしょう。

そして、『般若理趣経』というお経にはこれら物質による供養の先の供養について教えられています。そこには、仏を供養するとは、①菩提心を起こし、②一切の衆生を救済しようと実践し、③般若の教えを受持《じゅじ》し、また、④他に教えることをいうとあります。

菩提心とは、菩提・さとりを求める心のことです。さとりなどというと縁遠いように思われるかと思いますが、さとりとは最高の幸せのことなのですから、幸せを求めない人はいないことを考えれば、誰もが本当はさとりを求めているのだともいえましょう。どうせ求めるならば最終的には最高の幸せ・さとりを意識して少しでも近づけるように生きるべきであろうかと思います。

一切衆生を救済するとは、とてつもなく遠大なテーマだともいえますが、誰でもがみんな他のものたちと関わり、ともに助け助けられつつ生きています。そう考えれば、みんなすべてのものと縁続きだともいえます。すべてのものがつながっているのです。ですから、すべてのものを救済するというのもそんなに当て外れのことではなく、自分のできることを周りの人たちのためにすることがそのまますべてのものたちに良い影響を与え、助け合い救い合うことになると考えたらよいのです。

般若の教えを受持するというのも、この般若経典の教えを常に心にとどめ生きることではありますが、それもそう簡単なことではないように思われるかもしれません。しかし、自と他の一体平等を説く般若の教えは、完全に独立した個など存在し得ない、つまり自分などといえる存在などないのだという認識に立つことです。

それをまた他にも教えるというのも、私たちは、他とのつながりの中で生きているのですから、意識するしないにかかわらず、他に影響され、また他に影響を与えつつ生きています。ですから、一人の優れたものの考え方は他に、周りによい波動として伝わっていくことでしょう。

では、なぜこうしたさとりを求め、他を救い、教えを受持し、他に教えることが、仏を供養することになるのでしょうか。簡単にいえば、それをお釈迦様が賞賛して下さるからであろうと思います。

『法句経』一六六偈《げ》の因縁物語に、こんな話があります。自らの死期をさとられたお釈迦様があるとき四ヶ月後に自ら涅槃に入るであろうと宣言されると、周りにいた弟子たちは慌てふためき、香を焚いて延命を祈り始めました。ですが、一人アッタダッタという弟子だけは山に入り、一生懸命にお釈迦様が亡くなる前に最高のさとりを得ようと瞑想修行に励みました。それを伝え聞いたお釈迦様は、他の弟子たちに、香を焚いて延命を祈っても自分（お釈迦様）のために祈ったことにはならない、アッタダッタのように精進努力することこそが自分を供養することになるのだといわれたのでした。

お釈迦様に手を合わせ、香を焚くことよりも、そのお釈迦様の教えを忖度《そんたく》し、その教えに則《そ》って生きる、そしてその教えを実現する。それはつまり、お釈迦様の教えの正しさを証明し、良きことを他にも示していくことであり、それこそが、お釈迦様を尊崇し供養することになるというのです。

お釈迦様の生き様、何を大切にし、どんな生き方をなされたのか、もちろん凡夫である私たちが簡単にまねのできることではありません。しかし、その生き方に習い追随する、それこそが最高の供養といえるのかもしれません。

ところで、十年ほど前のことにはなりますが、あるお宅にはじめてお盆にお参りしたとき、七十歳くらいのご主人が一人お相手をしてくれました。お経が終わると、小さなお盆にお茶とお菓子を乗せてやってきて、奥さんが交通事故で亡くなったのだと語り始めました。

インド・ラージギール竹林精舎跡

横断歩道でないところを奥さんが渡っていたとき、制限時速をはるかにオーバーしたオートバイが撥《は》ねたのだということでした。そのオートバイは、二十歳の医学生が運転しており、その学生は大学をやめて何か仕事をしてお金を稼ぎ、慰謝料を払うといい出したのだそうです。しかし、それでは奥さんが浮かばれないのではないか。お金をもらうよりも、大学を続けて立派な医者になって、沢山の患者の命を救って欲しい、そうしてもらうことが本当の供養になると一人残されたご主人は話したといいます。

そして、しばらく考えていたその学生は、その後考えを改め、まじめに大学で学びながら、奥さんの命日や盆暮れには必ず仏壇に参ってくれるのだということでした。確かに、慰謝料をもらっても、亡くなった人のためにはならないでしょう。それよりもその死を無駄にせず、だからこそ人の命を救える医者になってもらう、そのことの方がどれほど亡くなった人が浮かばれることでしょうか。

お釈迦様が弟子たちに求めたように、亡くなられた人が何をして欲しいのか、残していく家族、親族にどうあって欲しいと思われているのか。その気持ちを忖度《そんたく》して、してあげる。そういう供養こそが求められているのだといえそうです。

布施ということ

布施とは、施与《せよ》を意味するインドの言葉「ダーナ」(dāna)を中国で訳した仏教語だと思っていました。ところが、中国古典文学専攻の興膳宏《こうぜんひろし》先生が最近『仏教漢語50話』(岩波新書)という本を出されたので、早速拝見したところ、布施とは仏教が伝来する以前からあった言葉なのだそうです。

漢音で「フシ」と読み、恩恵を他人に施し与えるという意味で、基本的に仏教の布施と重なるといいます。ダーナに置き換えられる言葉としては他に、「日那」、「檀那」という音訳語もあり、そちらは寺や僧侶に施しをする信者を意味します。それに対し、布施はその施しそのもの、ないしその行為を表す言葉として使われ、漢字文化の中で別々に使い分けられて今日に至っています。

ところで、昔インド僧の一人としてコルカタの僧院にあったとき、安居《あんご》(1)開けの僧侶に袈裟《けさ》を施す「カティナ・チーバラ・ダーン」(2)という行事に何度も参加させていただいたことがあります。カティナは功徳、チーバラは法衣・袈裟を意味します。功徳ある袈裟を施す儀式ということなのですが、村中の仏教徒がお寺に集まり、儀式後には盛大な歌舞音曲《かぶおんぎょく》が催される大イベントでした。

招待された僧侶たちは、お昼近くに村に到着すると、まず昼食の接待を受け、ゆっくりと午睡をとります。起きると境内には広い壇が設《しつら》えられており、そこには沢山の果物や日用品が所狭しと供えられています。ぞろぞろと仏教徒たちが集まり出すと、僧侶は全員その壇の上に腰掛けます。長老や在家信者の代表が長々と法話や挨拶を終えると、大きな皿に供えられた沢山の袈裟が信者たちの間を経巡《へめぐ》り、皿の上には賽銭《さいせん》が置かれていきます。そして、一巡するとまた壇の上に供えられ、読経が始まるのです。

その沢山のお供えされたものの功徳が随喜されて、儀式は最高の盛り上がりを見せ閉幕します。僧侶たちは壇を降りると、僧院の中に入り、その僧院で安居した僧侶たちに、供えられていた袈裟を均等に分与する儀式に参列します。その日供えられた袈裟を施した信者たちには、身の危険がなくなり、健康と財と尊敬が与えられ、幸福になって、死後も来世でよい世界に生まれ変われるとされています。

だからこそその功徳を信じ、南方上座仏教徒たちは、今日でも、この「カティナ・ダーナ」を盛大に行うのであり、そうしてこの袈裟衣の施与が最も功徳あるものであることを伝えてくれているのです。初期の仏教では、在家にあったときに身につけていたもの、手にしていたものをすべて捨てて出家するのですから、彼らの持ち物といえば、腰衣一枚と上に纏う袈裟が一枚、それからその上に防寒用などのために一枚、つごう三枚の袈裟、それに托鉢用の鉢と座具、水濾《こ》しだけでした。

袈裟は仏教僧のシンボルとして、唯一身を守るものとしてとても大切なものだったのです。つまり、僧侶へ施す布といえば袈裟を意味し、袈裟の施しこそが僧侶への施しの象徴であり、最も功徳ある施しであったといえましょう。だからこそ、元々中国で用いられていた言葉ではありますが、布施という言葉が仏教語となり、寺や僧侶へ施しをする特別の用語として誠に的確に用いられてきているのであろうかと思います。

ところで、仏教の実践の仕方には【布施・戒《かい》・定《じょう》・慧《え》】という段階があり、そのはじめには布施の実践が大切であると教えられています。布施とは、『大辞泉』（小学館刊）によれば、「梵語ダーナの訳。①六波羅蜜の一つ、施しをすること。金品を施す財施《ざいせ》、仏法を説く法施《ほうせ》、恐怖を取り除く無畏施《むいせ》の三施がある。②僧に読経などの謝礼として渡す、金銭や品物」とあります。

今日私たちが普通に布施というと、②の僧侶に渡す謝

コルカタ郊外の家でのサンガ・ダーン（法事）で

礼としての布施のことしか思い及ばないかもしれません。僧侶の側から法を説く法施、または、恐れの気持ちを取り除いてあげる無畏施などという布施もあり、広く他のために施すことを布施ということを知ることも大切ですし、また六波羅密の一つとあるように、自らの心の完成のための実践と捉えることも必要でしょう。

布施をする人の心には、僧侶に施すのであれば、その僧が学び行じていることに対するその価値を理解し賛同することが前提としてあります。つまり、それは自分の人生にとっても意味あることである、良くしてあげたことが自分にも利益となるだろうという気持ちがあってなされる行為です。

しかし、もちろん今日お寺に差し出されるお布施ということになれば、それは、個人に対してというよりは、やはりそのお寺が地域社会にとっても、また檀徒にとっても意味のある存在であって、護持することが価値あることであるという認識を共有することでなされることはいうまでもありません。

また、四国の遍路を歩いていると、若い人も含め地元の人がすっと寄ってきて、お接待をして下さる場合があります。それも、同じように、それは尊い行為であると分かっていて、自分が出来ない歩き遍路をしてくれている、自分の代わりにしてくれている、だから助けてあげよう、それは自分のためでもあるという気持ちがあってなされるのであろうかと思います。

また、たとえば、貧しく困っている人たちに施しをすることを考えてみても、そこには、その人たちと自分の生活が決して別のものではない。無関係といえるものではない。自分たちだけ良くあることはあり得ない。だから、みんなが良くあって欲しいという気持ちからなされる行為なのだと思います。

インドの人たちは、給料の一部を、福祉団体や貧困者、寺院などに施しをするものだと考えていると聞いたことがあります。十二億もの沢山の人たちの過酷な階級社会で、とても厳しい気候の中で生きてもいます。人生とは苦しみなのだと考えています。今生で沢山の徳を積んで、来世では出来ればもう少し楽な世界に生まれ変わりたい。だからこそ出来るだけ善行をして功徳を積みたいと考えているようです。

またそこには、自分が手にした給料は、自分が稼いだものではあるけれども、それは決して自分一人で得られたものではない、沢山の周りの人たちのお陰で手にしたものでもあるとの思いがあります。さらには、自分は、沢山の生きものたち、この大地や自然、沢山の人たちのいい伝え、慣習、文化といった様々な物事に支えられてはじめて存在しうる。目に見えないそうした大きな自分を支えてくれているものに気づく、だからこそ、自分がいまあることの借りを返すためにも施しをするのだともいわれます。他との繋がりを感じ取り、善いことをして共によくありたいとの思いの発露が布施ということになるのでしょうか。

ところで、布施というのは、金銭や品物を施すことと思いがちではありますが、施す物がなくても布施は出来るのです。そのあたりのことを、高野山の北米開教師であった故磯田宥海師が『きっと、仏さまはここにいる』（祥伝社NONBOOK）の中に、「無財の七施」として分かりやすく説いてくれています。

「無財の七施」とは、眼施《げんせ》、和顔施《わげんせ》、言辞施《ごんじせ》、身施、心施、床坐施《しょうざせ》、房舎施《ぼうしゃせ》の七つ。人にやわらかい気持ちを与える眼差しを施すのを眼施といい、時と場合にふさわしい顔を施すのを和顔施、相手が幸せな気持ちになるような言葉を施すのを言辞施、身体で手助けをしてあげる施しを身施、善くあって欲しいという気持ちを施すのを心施、席を譲る施しを床坐施、自分の家や場所を提供してあげる施しを房舎施というとあります。

自分に出来ることを無理のない程度に素直な気持ちで自然にしてあげられるようにありたいものではありますが、それらの施しの原点には、喜捨《きしゃ》という心があるのだと磯田師は書かれています。喜んで自分の手からそれらを手放すという気持ちのことです。何でも普通は自分の物にしたい、好ましい物、価値ある物は手に入れたいと思います。ですが、それらを手放す、捨てることによる幸せというものがあるのです。

昔、高野山の道場に上がるとき、奉職していた会社を辞して俗世間から離脱し入山したときの開放感。またインド僧になる際には、東京に抱えていた殆どすべての衣類から書物に至るまで処分したときの誠に清々しい気持ち。捨て、手放すことによって得られる幸福感というものがあります。

沢山のしがらみ、複雑な人間関係、しきたりの中で生きていたら、がんじがらめで身動き出来なく感じることでしょう。そうしたものから開放されたときには、それだけで、誠に自由な心が獲得されたと思えるものです。それが喜捨であり、また布施なのでありましょう。布施という行為は、それを受け取った相手のためになることで功徳となり、また、自分自身にとっても、喜捨して手放すことによる幸福感、清らかな心を味わえる功徳甚大なるものなのだといえましょう。

（1）お釈迦様の時代から、比丘（僧侶）は諸地方を遊歴して修行に励み人々に教えを説くことが望ましいとされた。しかし雨期に外出すると虫たちを踏み殺すおそれもあるため、雨期の三ヶ月間僧院から外出することなく勉学修禅に励む期間を設けた。それを安居という。現在も南方の上座仏教においては、アーサリー月（太陽暦ではほぼ七月に相当）の満月の次の日からアッサユジャ月（ほぼ十月に相当）の満月の日まで雨安居を行っている。

（2）カティナチーバラダーン、詳しくは、ウ・ウェープラ『南方上座部仏教儀式集』中山書房仏書林、六二頁参照。

仏事は何をしているのか

毎朝仏壇に、仏飯お茶湯を差し上げ点香し、お経を唱える。またお寺に参り礼拝して読経する。お墓に参っては、掃除して花を換え線香を灯し合掌する。こうした仏事は、何をしていることになるのでしょうか。何気にしているこれらのことは何を意味しているのでしょうか。

生まれたときから家には仏壇があり、おじいさんおばあさんに連れられてお墓に参っていれば、それがどういう行為なのか、何を意味することかと改めて考えることもなく、していることでしょう。ただただ大事なことだと。ですから仏壇などはその家の一番上《かみ》に大事に据えられていても、いるのではありますが。大切なものだから朝一番にお供えをし、いつもキレイにしておかねばならないと教えられるだけかもしれません。

仏壇に手を合わせ、お墓にお参りするなどのいわゆる仏事は、誰のためにしていることなのでしょうか。こんなことを考えたことはあるでしょうか。誰もがご先祖様、亡くなった故人のためにするものだと思っているのかもしれません。しかし、それが亡くなった人たちのためになるには、本当はその行為が自分にとって意味のあるものでなくてはならないのではないでしょうか。

線香ロウソクを灯す行為が、たとえば仏壇の最上部に祀られた本尊である仏様やご先祖様に供養を捧げる善行となり、その功徳はその善行を施した本人が手にすることになります。その行為をなす本人にとって意味のあるものであり、功徳あるものだからこそ、亡くなった人にその功徳を捧げることも出来るのです。

また、お寺に参り賽銭を投じたり、ロウソク線香を灯し、読経したりして祈願することも同様です。賽銭は自分の大切な金銭を施す善行であり、ロウソク線香は仏様への施し、読経は自らの心を調《ととの》えその教えを改めて仏様の前で唱え学ぶ一環として行われるものでしょう。つまり、そうしてお参りする本人にとって意味のある、功徳あることだからこそ、その結果において良い縁が生じ回りまわってその祈願がかなうであろうと思うことが出来るのではないかと思います。

そして大切なことは、仏教でいわれるところのこれらの善きこと、功徳とは何かといえば、最終的にはそれらがすべて仏様への道を前進すること、つまり自らのさとりに繋がる行為なのです。本人が意識するしないにかかわらず、私たちのしている善きことはすべてさとりへの行為なのだといえます。人に手を貸す、助けてあげる、座席を譲る、ものを差し上げる、お供えをする、線香や灯明を手向ける、何気なくするそうした善行は、みなその人の徳となり善き来世に繋がっていきます。

そしてまた、善き来世で教えにまみえ、精進を重ねる。教えを体得し、その教えに生きる。その教えを実践し心を清らかにしていく。つまりすべての善行がその本人がさとりというお釈迦様の到達された境地にほんのわずかでも近づいていくことであり、だからこそ功徳ある行為ということになるのです。

徳を積む、たくさんの善行をして功徳を積む、何度も生まれ変わりしてさらに精進を重ねてお釈迦様のようなさとりへ近づいていく。そういう功徳を行為者である本人が得るからこそ、それをご先祖様や故人に手向けたり、また、様々な御祈願に通ずるのだと考えることができます。

私たちが最高の存在として大切にする仏様、ブッダ、お釈迦様の所へ私たちもわずかばかりではあるかもしれないのですが、少しずつ前進していくのだと、そう考え生きるのが仏教徒の生き方であろうかと思います。決して神のように私たちと超絶した存在としてただ信仰する、お願いする対象としては仏様を捉えない。逆にいえば神々よりも仏様、ブッダの方がはるかに尊い確かな存在と仏教徒は捉えます。

何回生まれ変わるのかは分かりません。ですが、そうして何度も生まれ変わりして、少しずつでも近づいていこうとする。ただ、こうしていま生まれがたき人間に生まれたからには学び行ずる好機なのだともいえるのです。仏教徒は、とにかく頑張って教えを学びつつ、心清める実践をし、精進を重ねていこうと考えます。そう考えるならばたとえ何があっても、前向きに生きていくことが出来ます。

私たちは経済的に繁栄するため、地位や名誉のために生きているのではありません。死ぬるときに持っていけるものは心だけなのです。私たちは最期のときに、どれだけ善い心を用意できるであろうかと思い至らねばならないのでしょう。

私たちは本当に大切なこと、生きるということの大事なことを何一つ教えられることなく年を重ねています。ですが、葬儀、法事などの仏事、また毎日仏壇にお供えしお勤めすることも、本来、そうした大切なことを教え伝えるためにあったのではないかと思います。生きるということを考え、さらにそれを次代へ伝えていく大切な営みの一つだったのではないでしょうか。その意味をよくよくわきまえ、自覚して行うことがいまという時代にはことのほか重要ではないかと思うのです。

いのちの尊さとは何か——葬式簡略化に思う

法事の後のお斎《とき》の席で、お墓の話からお葬式の話になりました。このところの、特に都会で進行している葬式の簡略化について、自分たちの身内が亡くなってもそれに追随して、戒名もつけず、家族だけの葬式で済ませたいという意見が何人かから発言されました。

住職はどう思うか、との質問がよせられたので、そういっている方たちには申し訳ないのですが反対の意見を述べました。

「このところ、長患いをして地域社会との関係が断たれたり、また不景気という理由から葬式が簡略化していると聞きました。昨日も実はある仏教雑誌の編集の方とお会いしたら、都会では病院から火葬場に直行し、そのまま墓に入れてしまうケースも良くあり、その後お別れ会を知人だけで済ませるということもあるけれども、何もしないということもあると聞いたばかりなのですが、それで良いのかという思いがしました。

人が亡くなるということをそんなに簡単なこととして片付けてしまうのは如何なものであろうかと思います。犬猫でもあるまいし、犬猫でもペットとして可愛がられていれば、ペット専門の供養をし、火葬をする人もいます。それなのに、人が生きてきたことをそんなに簡単なことと思って良いのかと思うのです。

人が一生をつつがなく、何とか生きてくるのには誠に数え切れないほどの人々、生き物たちの助けを必要としたはずであろうと思います。まわりの家族、親族、周囲の人たちのお陰で生きてこられたのではないでしょうか。その人が死んだからといって、はい亡くなりました、居なくなりました、といって済ませられることであろうかと思うのです。

やはり、亡くなりましたがこれまで、こうして生きてこられたのは皆様のお蔭です。本当にありがとうございました、という故人の気持ちを代弁して遺族が葬儀を営み、お年寄りから小さな子供まで、その葬儀に参列して、人が生きてきて死ぬということがどんなことか。これだけの大勢の人たちが見送り、冥福を祈ってくれた。親族も、参列した人たちも、人が一人生まれ、生きてきて、死ぬということがどんなに大変なことなのかということを知る機会として葬儀があったのではなかったでしょうか。

どこの国でも、それぞれに死者の葬送の儀礼はあるはずです。どんなに未開の国や地域であっても、私たちの遠い祖先であっても、ただ遺体を焼いて川に流すような国であっても。

インドで実際に私が目にした田舎の葬儀では、晩に村中の人たちが集まり食事が供養されました。死者が生前沢山の人に世話になった、その人たちに感謝と御礼の意味から食事を捧げ、その供養の功徳を持って死者は来世に旅立っていくのだということでした。

私たちは、いま、人一人が死ぬということをそんなに簡単に済ませていいのだろうかと思います。何もお金を沢山使わなくてはいけない、お寺に沢山布施しなくてはいけないといいたいのではありません。そうではなくて、人が死んでも葬式もしない、簡略に済ませるという発想が、つまりは人のいのちを粗末に扱うということに繋がらないかと憂えているのです。

親が子を殺し、子が親を殺す。小さな弱い者に何人もで暴力を振るう。そんな人ともいえないような人間を育ててしまった社会です。自殺する人も後を絶たない。それでいていまになって、いのちの教育、いのちを大切に、いのちの尊厳と口ではいいながら、結局していることは大人自身がいのちを何とも思っていない、人の一生を大切にしていない、ということを表しているのではないでしょうか。

人の死をどう思っているのですか。人が一生を生きてきて、死ぬことをどう扱ったらいいのか深く考えることもせずに、ただ、いまの社会の風潮だからと安易に流されているだけではないのでしょうか。子供たちを法事や葬儀に参加させることもない。様々なその場かぎりの理由を付けて。騒いでも良いのです、勉強がその時できなかったからといって受験に落ちるようなら、初めから受かるはずもないのです。つまらないそんな理由で私たちは最も大切な実生活からの体験による心の教育の場を放棄してしまっているのです。

それでいて学校でいくら、いのちの尊厳などと唱えても何の意味があるでしょうか。お金を沢山使わなくても、立派な会場でなくても、お葬式は出来ます。別に仏式でなくてはいけないなどというつもりもありません。その人なりのその人にあった葬儀を工夫して、ジミ婚ならぬ、地味葬でも良いから、多くの人に参加してもらって欲しいと思います。泣き崩れる遺族を目の当たりにして何かを感じ取ってくれる機会にして欲しいのです。そこから人の営み、いのちの重さ、いかに人は生きるべきかということを学ぶ機会にして欲しいと思うから……」

こんなことを長々とお話しました。年長者も含め、皆さん神妙に聞いて下さいました。葬儀だけでなく、昔からの慣習、しきたりはいまどこでも簡略化し、形だけのものになりつつあります。お祭りも、文化、芸能も。ですが、そこには昔の人たちが様々な思いを込め、その地域社会がうまく回転していくための、人が人として生きる叡智が形となったものとしてあったはずではないかと思うのです。お葬式もその一つであったはずです。

私たちはそれらの形だけしか継承せずに、時代にあわないといい、簡単に済ませたらいいと思う。しかし継承すべきは形ではなく、その精神ではないかと思います。それらから昔の人たちが得ていた心、学び、つながりをこそ大切にすべきなのだと思います。言葉ではない、言葉では伝えられないものを心に受け取ってもらうために。

報恩ということ

仏教の古い経典群の中に、『父母報恩経』(1)と題する小さなお経があります。「弟子たちよ、そなたたちに善からぬ人の立場と善い人の立場を示すことにしよう」とお釈迦様が語りかけるこのお経は、私たちが日々どうあらねばならないかを教えてくれています。

「善からぬ人とは、恩を知らず、恵みに気づかずにいる人、これらはまことなき人々が習いとすることである」そして、「善い人とは恩を知り、恵みに気づいている人であり、これがまさしくまことある人々が習いとすることである。そして私は特に二人についてはは容易につぐないをすることができないと言明する。その二人とは母親と父親に対してである」とあります。

そして「例え、百歳の寿命の人がその寿命に達し、なおかつその年で父母のお世話をし、香を体に塗り、さすり、沐浴させ、もみほぐす。また尿や糞などの排泄物を処理したとしても、それでもなおかつ両親に対して何事かをなした、あるいはつぐないを果たしたことにはならないのである」とお釈迦様は諭されています。

お釈迦様の時代も、いまと変わらず、老親のお世話を怠る人もあったのでしょうか。出家している僧侶たちにとっては、師匠に対し自分の父親と同じ様にお仕《つか》えするようにといわれます。家を出てしまっているのだから、何もしなくて良いというわけではないのであって、師匠を父親と思って部屋の掃除、身の回りの世話から、洗濯、また臥《ふ》せっているときには看病も功徳を積ませていただく大事な仕事となります。

私もいまから二十年ほど前になりますが、コルカタの僧院にいた時には、その頃七十一歳だった師匠のすぐ裏に部屋を借りて、何かというと呼ばれては手紙のリライトやら、本や書類の整理、タイプライターを使う手伝いなどさせていただきました。水といわれれば静かにコップに水を注ぎ差し出し、ファンといわれれば扇風機のスイッチを入れる。どんなことでも、とにかくいわれたことはひとつ返事で迅速に済ませるようにしていました。

そして、『父母報恩経』と題するこの経は、私たちが真っ先にその両親の恩に報いるべき理由を次のように教えられています。「七つの宝に満ちたこの大地で王者の位に上らせるほどに両親に対して勤めたとしても、その恩に報いるに足りない。なぜならば、母と父はその子に多くの助けを与え、支持し、養育し、この世界を子に示した

ベンガル仏教会正面ゲート

人であるから」とお釈迦様は、子にとって両親の存在がいかに大きなものであるかを示されます。生まれ落ち、何も分からない時にこの世に導き、危険から身を助け、何から何まで世話をしてくれたのは私たち自身の両親にほかなりません。しかし私たちは、子供のときにどれだけの労苦を両親にかけたことかと改めて思いをいたす人も少ないのではないかと思います。

それでは、私たちはどの様にしたら子として親の恩に報いることが出来るのでしょうか。お釈迦様はその先を次のように続けて、この法話を完結されます。それは、「もしもその両親に信仰がなく、振る舞いが悪く、物惜しみをするならば、信仰に導き、正しい戒を示し、布施をするように誘う必要がある。そうしてこそ父母の恩義に報いるに足り、それ以上に何事かをなしたといえるのである」と。

この世での繁栄、社会的な地位を与えることよりも、はるかに私たちには心の安らぎ、それに導くための正しい行い、そして功徳ある施しをすることが大切であり、そのように促すことが父母への報恩になると教えています。この世の善なる人の、まことある人々のあるべき姿とはこうしたものであると示されています。

いま、物質的にまた金銭的に繁栄を誇っている私たちではありますが、その繁栄が何によってもたらされているものかと心して思うとき、先人の多くの助けを得て、多くのものが犠牲となり、そして多くの自然環境にも負荷を与えつつあることに思い至ることでしょう。

つまり、私たちのいまは、これまでの過去に受けた恩や恵みの現れであり、それがまた、将来を導くものとしてあることを思うとき、感謝の念とともに報恩の心も生じてまいります。また、徳ある善行為に篤くなることの大切さも知られることでしょう。そして自らそのことに気づくとともに、もしも両親にその気持ちがなければこれらのことをこそ施して恩に報いるべきであると教えられています。

様々な理由から親のお世話をすることも、一緒に暮らすことも、また会うこともままならないという人も多いのかもしれません。しかし、それにもかかわらず大切なことは、いまの社会に暮らす私たちにとって、まずはその恩やいまある恵みに真摯に気づくこと、そして、忘れず、その思いを日々新たに思い、無理することなくすべきことを継続してなすことが大切なのではないかと思います。

ふと私たちは自信を喪失したり、思い悩むことも多いものです。そうしたとき、何げなく親と語らう中の一言で心が晴れ勇気が湧くことがあります。そのような力を受け取れる受け皿としても、報恩という心を日々大切にしたいものだと思います。

（1）『父母報恩経』パーリ増支部経典二・四、『根本佛教聖典叢書第四巻』、『原始仏典六ブッダのことばⅣ』講談社、参照。

天人五衰

「天人五衰《てんにんごすい》」という言葉があります。天人とは天界にすむ住人のことで、天界とは、生きとし生けるものが死後いかねばならない六道の一番上部に位置する世界のことです。私たちはいま恵まれた人間界に生きてはいますが、死後はみないかねばならない来世があると考えるのが世界の仏教徒の常識です。生きてきた善悪の業によって死ぬ瞬間の心があり、その心の次元に従って来世が決まると考えるのです。

来世には六つの世界があります。沢山善いことをしてその善業の功徳によって趣く世界が天界であり、人間界よりも勝ったとても快適で、苦しみがなく、常に快楽を感じ続けられる世界でもあるといいます。寿命は誠に長く、短い四王天の天人でも一日は人間界の五十年で寿命は五百年、兜率天《とそつてん》の一日は人間界の四百年に相当し寿命は四千年と、途方もない時間を過ごすのです。

しかしだからといって永遠ではなくて、天界の住人ということは、まだ衆生の輪廻の世界を抜け出ていないので、いずれは寿命がいたり、死後は下の世界に落ちていくしかないのだそうです。なぜならば、苦しみがないので解脱を望むこともなく、修行をすることもないので功徳を使い果たすだけなのですから。

　そして、天界で長く快楽の世界で悠々としていたとしても、いざそこから転落するときにはとてつもない苦しみに襲われるのだそうです。そのときが近づくと現れる五つの衰亡の相のことを「天人五衰」といいます。出典によって少しずつ違いがあるのですが、まず、①頭の花飾りがしぼみ、②衣が汚れ、③脇の下に汗をかき、④目が眩《くら》み、⑤天界の王宮にいても楽しめない。そうなってくるとその七日目に、いよいよ地獄[1]の十六倍もの苦しみが襲い天界から退くときがやってくるのだということです。

　そんな苦しみを味わうくらいなら、何度でもこの人間界で苦楽を味わい、少しでも功徳を重ね、一生懸命瞑想して一歩でも解脱に近づくように精進した方がよいのではないかと思えてきます。ですから、いまこうして人間界にあるのは、本当はとてつもなく、そのチャンスなのかもしれません。いやそう考えないことには誠にもったいないといえるのでしょう。なぜなら、人間界に再生するのも、そんなに簡単なことではないといわれているのですから。

　ところで、現代に生きる私たちは、いまものすごく快適な生活をしています。昔の人が見たら、それは天人の所業のようにも見えるのではないでしょうか。どこへ行くにも車があり、新幹線に乗れば昔は何日も歩いた距離をたったの一、二時間で行けてしまいます。飛脚が届けた情報の何万倍もの情報をテレビやインターネットで一瞬にして手に入れられます。まるで時空を飛び越えているかのようにいつでも誰とでもどこにいても携帯電話で連絡が出来ます。居ながらにして音楽も舞踊も何でも楽しめます。飛行機で世界中を行き来できます。まさに天人のような生活をしているとはいえないでしょうか。

そう考えますと、私たちもこの世界から退くときには、地獄の十六倍もの苦しみを受けることになるのでしょうか。頭に張り巡らしたいろいろな電波が意味をなさなくなったり、肌に心地よい服を着ても心地よさを感じず、暑くもないのに汗をかき、横になっていても目が眩み、どこにいても楽しくないということになるのでしょう。まさに天人五衰のような苦しみをおぼえ現代人は最期の時を迎えるのかもしれません。

あまりにも便利で快適な何でも出来てしまうことに何の感激もなくなった私たちの末路は、やはり苦しみがつきまとうのであろうかと思います。毎日当たり前のよう

遠方にサールナートの遺跡群を望む

にこの快適な世界で暮らす私たちではありますが、時に、そうした現代の利器を一切放棄した生活をすることも大切なことなのではないでしょうか。車に頼らず歩いてどこにでも行ってみる、携帯やインターネットを使わない、テレビを見ない、音楽や映像のない自然との語らいを味わう。そうすることで日常では得られない、安らぎを感じることもあるでしょう。そうしてこそ、さとりへの端緒につく実感もつかめるのかもしれません。

(1) 地獄とは、インド語では「ナラカ」(naraka)。日本語の「奈落」の語源。悪業を重ねた衆生が輪廻する最下層の住処で、極熱極暑の熱地獄・極寒極冷の寒地獄・孤別孤独に耐える孤地獄に大別される。熱地獄に等活、黒縄、衆合、叫喚、大叫喚、焦熱、大焦熱、阿鼻(無間)の別があり、これを八大地獄という。

仏像とは何か

仏像とは何でしょうか。なぜ仏像などあるのでしょうか。

コルカタのお寺に滞在していたときにふとそんな思いが湧くことがありました。そこで、師匠のベンガル仏教会総長ダルマパル長老に問うと、「仏像があったからこそ、ここまで仏教が広まったのだよ」とだけお答えになりました。

確かにそうなのです。西暦一世紀中頃クシャーナ王朝の時代に、ガンダーラとマトゥラーで、ほぼ同時に仏像が造られ始めたのでした。それまでは、お釈迦様の御像を彫刻することは不遜なこと、おさとりになったお方の姿を刻むなどということはできないと考えられていたのです。そこで仏伝彫刻の様々な場面でお釈迦様をあらわす場合、菩提樹であるとか、法輪、仏足跡を描くことでお釈迦様を表現していました。

しかし、お釈迦様入滅後五百年ほどして仏像が造られたことによって、インド世界から他の西域、アジア東部へと、仏像と経巻がともに運ばれ、瞬く間に仏教が広まりました。確かに教えだけでは仏教は無味乾燥なものであったのかもしれません。仏像がなければ、僧侶が勉強したり生活する講堂や僧坊だけで、あっても塔くらいで、お寺には仏堂もなくお香や灯明も差し上げず、荘厳《しょうごん》する場もなければ、いわゆる仏教文化の華は咲き誇ることなく終わっていたのかもしれません。

ですが、それでも私は、仏像とは何かと問いたいのです。たとえば、お地蔵様でも、お薬師様でも、沢山おられます。世界中のお寺に、もちろん仏像としてですが。西国などの観音霊場なら、三十三カ所で三十三体もの観音様をお参りします。しかし観音菩薩、釈迦如来、阿弥陀如来、ありとあらゆる仏様は、本来やはりそれぞれお一人なのでないかと私には思えるのです。

マトゥラーの釈迦像

四国の八十八カ所も、本堂の御本尊は別々かもしれませんが、大師堂に祀られた弘法大師像は八十八体あって、それぞれにお参りします。しかし、弘法大師は本来はお一人であって、来世に兜率天《とそつてん》に転生して衆生を済度《さいど》するといわれました。それなのに沢山の弘法大師像を前に、正にそこに弘法大師がおられるかのように思い拝む、また、仏菩薩であっても、ありとあらゆる所に祀られているその御像を正に唯一の仏、そのものと思い手を合わせるのだと教えられています。

しかし私は、いくつおられても、それぞれを、その仏菩薩そのものとして拝むという行為は少々受け入れがたいのです。それはどういう事かとどうしても考えて、私なりの納得をしなかったら手を合わせるという行為が嘘になってしまうのではないか、そう思えるのです。

いっこうに自ら納得できる答えのないまま時間が経過しましたが、ある時、昔子供の頃テレビで見た『タイムトンネル』という米国のドラマを思い出しました。二人の主人公が、時空を超越した旅に出て、目に見えないスポット（はざま）に入ると時代や空間を超えて、たとえば三百年も前の時代にと四次元空間の旅をする。そして、行った先々でハプニングに遭遇し、危険に見舞われるとまたタイムトラベルをくり返すというＳＦものでした。

その時閃《ひらめ》いたのは、そうか仏像とはそのスポットなのではないかと思ったのです。つまり、本来一つの仏へ通じる時空を超越した、仏そのものに直結する四次元の空間が口を開けたスポットこそが仏像なのではないかと。

だから、その本来の一つの仏に向けて、時空を超えて直結するものとして各々沢山の仏像があるのではないか、そんな風に考えれば、それぞれ造形された仏像に開眼供養を施して、礼拝し拝むという行為に一つの意味づけができるのではないかと思えるのです。

そして、仏とはそのおおもとの、本来一つである仏菩薩、明王など、すべての仏たちもまた元を正せば一つであり、それらはすべて歴史的背景からしてお釈迦様の悟りから発生したものであると考えなければいけないのだろうと思います。すべてはお釈迦様のさとりに端を発して、時代に応じて様々に発展、発生させてきたものなのですから。

お釈迦様の数え切れないほどの智慧、お徳の一つ一つをそれぞれの仏菩薩に分担させているものであるといえましょう。つまり沢山の仏様方すべてはお釈迦様に収斂《しゅうれん》されるのです。

そして、そう考えるならば、今日たくさんある仏様も、もとは一つ。だから教えも一つ。様々な宗派も一つという発想に立ち返ることができるのでないかと思っています。

塔婆とは何か――塔婆にまつわる四方山話

幅三寸ほどの細長い板を塔婆といい習わして、何か法事をした印のように思っておられる方もあるようです。正確にはというか、正式には卒都婆《そとば》といいます。卒都婆とは、仏塔を意味するインドの言葉・ストゥーパ（Stūpa）を中国で音訳した言葉です。

ストゥーパは、もともとインドのマディヤプラデーシュ州都ボパールから東に六十七キロの所にある有名なサンチーの仏塔のように、土饅頭《まんじゅう》型に土やレンガを盛り上げたものでありました。

そして、その仏塔の頂上には、方形の玉垣と台座があり、中央には傘のような心柱が取り付けられています。心柱は天と地を繋ぐ宇宙軸であり、仏教では菩提樹を表し、台座はお釈迦様がさとりを得られた金剛座を意味するといわれています。それは日本の仏塔にも九輪《くりん》や水煙《すいえん》、露盤《ろばん》となって継承されているものです。因みに、サンチー第一塔は、高さ十六・五メートル、直径三十六・六メートル。

ところでサンチーには、お釈迦様の高弟サーリプッタ尊者（舎利弗《しゃりほつ》）とモッガーラーナ尊者（目連《もくれん》）の遺骨が納められていることでも有名です。これは、英国統治時代にカニンガム将軍がサンチー第三塔から発見し、ロンドンに持ち出されていたものが戦後返還され、一九五二年十一月ネルー首相が歴史的な式典を催して新しい霊廟に納骨されたものです。

そして、お釈迦様の生誕二五〇〇年に当たる一九五六年、その年のブッダ・ジャヤンティ（お釈迦様の誕生と成道《じょうどう》と涅槃を祝う式典）は、ネルー首相によって国を挙げて盛大に開催され、以来その日はインドの祝日とされたのでした。ところが誠に残念なことに、後にその仏教徒の祝日はカレンダーから削除され今日に至っているのではありますが。

さて、本題に戻りましょう。かくして、このサンチーの仏塔に代表される、もともと土饅頭型であった仏塔は、後に様々な形に変形していきます。たとえば、お釈迦様が初めて説法された聖地サールナートのシンボル、ダメーク・ストゥーパは、今日では上にレンガを積み重ねて、大きな円形の二重の土壇となり、周りに様々な造形が彫刻されて、上が少し尖った姿になっています。高さ四十二メートル、直径二十八メートル。

そしてインドから中国に至ると、四角や六角、八角の屋根がつき、それが五層から十三層など幾重にも重なり細長い塔

サンチー第一塔

となります。日本に来ると五重塔、七重塔という姿にさらに変形いたします。また、密教寺院に見られる多宝塔は、屋根は二重ではありますが、その間に特徴的な丸いドーム型の胴があり、おそらくこれは、五輪をイメージしたものなのであろうかと思います。チベットの仏塔もこのような五輪を意識した形をしています。

五輪とは、宇宙の真理を身体とする毘盧遮那如来《びるしゃなにょらい》（大日如来）をあらわしており、上から、宝珠・半円・三角・円・方形を重ねたものです。この五輪を石で刻んだ五輪塔は、日本では今日、先祖墓であるとか、僧侶の墓として、よく目にすることができます。

そして、この五輪塔を板でこしらえたものが塔婆といわれるものです。だから上の部分が五輪に似せて刻まれているのです。では、この塔婆をなぜ法事の際に建立《こんりゅう》するかといえば、塔を建立することが仏教を広め、その教えにまみえた人々を幸福に導くシンボルとして功徳あるものだからです。

昔、お釈迦様入滅後二〇〇年頃に登場するマウリア王朝第三代アショーカ王（在位前二六八〜二三二）は、それまで八カ所の仏塔に納められていたお釈迦様の遺骨を一度集めて、インド全土に分散し仏塔を建立しました。その近くには岩壁や石柱に、生き物を慈しみ、真実を語り、寛容と忍耐につとめ、困窮せる者を助けるなど倫理的な教えを刻んだといわれています。

冒頭に述べたサンチーには、お釈迦様は一度も訪れなかったのですが、アショーカ王が大ストゥーパを造り、この地で生まれた王子マヒンダが出家したため、僧院を建てました。そうして、沢山の仏塔をインド全国に建立することによって、それまでガンジス河中流域の一部の地域にしか広まっていなかった仏教がインド全域に広まったのです。

その故事に習って、塔婆という細長い板に梵字や精霊《しょうりょう》の戒名を記した簡易な仏塔を建立し、仏教を伝え広めて人々を幸せにする功徳を、いまは亡き精霊に、また先祖に差し上げる、回向《えこう》するために塔婆は建立されるのであります。

ヴァイシャーリーのアショーカ王柱と仏塔跡

数珠の話

数珠は、仏事に欠かせないものだと思われています。仏事に参加する者としての身だしなみ、祈念するときに擦るもの、仏教徒としての標識的な意味あるものなどとして。

しかし、数珠は本来仏教とは何の関わりもないものだったといいます。ですからいまでもタイやスリランカなど南方の仏教徒は数珠は使いません。僧侶方も勿論持っていません。ということは、元々仏教に数珠は必要でなかったということなのでしょう。だから私も、何年かインド僧として過ごしていた期間、数珠は手にしていませんでした。

私が数珠で思い出すのは、インドのリシケシ[1]に行ったとき、ガンジス河を前に岩の上に座り、数珠を手にマントラを唱える行者さんの凛々しい姿です。白い布をまとい、額に灰で模様を描いたサドゥーといわれるヒンドゥー教の行者さんでした。目を閉じて一心に唱えるその姿は正に神々しいものでした。神様の言葉、日本では真言と訳されるマントラを唱え、神と一体になった法悦の中、その行者はジャパ・ヨーガといわれるその修行を何時間も続けていました。

インドでは、数珠のことをマラといいます。粗末な木の実の玉が一〇八つ、黄色や赤の糸で繫がれているだけのものです。日本のもののように半分ずつにした両端に二つの親玉はなく、一括《ひとくく》りにして親玉は一つだけです。

私はその行者を目撃したとき、「ここは密教のふるさとなのだ」、そう思いました。日本の高野山で学んだ密教の源流にやってきた、そう思えました。ということは、密教はヒンドゥー教なのかと思われても困るのですが。ヒンドゥー教が密教化する段階で、既に仏教の中にも密教が生まれていたのです。天文学、薬学、数学など自然科学が発展するグプタ朝時代のことでした。

それはさておき、この数珠というのは、その時の行者さんが爪繰《つまぐ》っていたように真言を唱えるときに、唱えた回数をカウントするものなのです。真言一回唱えて玉を一つ爪繰り、一〇八つの数珠を一回りして、一〇〇回とカウントします。

日本の数珠であれば、その時、親玉の端についた小さな玉を一つ上に押し上げます。それを十回繰り返すと、千回になり、その時、反対側の親玉の端にある小玉を一つ上に上げておくのです。それを十回繰り返すと一万回となる勘定になります。つまり真言を一万回数えられるように数珠は作られていたのでした。

数珠とは計算機なのです。何も仏教徒にとっての必需品ということではありません。だから数を数える必要のない時代には数珠

真言宗の数珠

はなかったのです。大乗仏教になって、真言の数を数える必要が出来て、はじめて仏教徒は数珠を手にしました。お釈迦様入滅から五百年以上も経ってからのことだったろうと思います。その数珠がキリスト教に伝えられてロザリオとなったそうです。

因みに数珠を擦るようになったのは、我が国で随分後になって、お経を唱えるときにお経の終わりや真言の終わりをつげる鐘がなかったので、その終わりを周りに教えるために擦って音を出したのが始まりだと伝えられています。

（1）リシケシは、インドの首都デリーの北東二〇〇キロほどに位置する町。ガンジス河の清流が流れるヨーガの聖地で、ヨーガ・アシュラム（道場）が立ち並び、たくさんの行者が行き交う場所でもある。ビートルズが一時修行したところとしても知られ、近年日本人修行者も多く集う。

般若心経の現代語訳と解説

〈原文と現代語訳〉

摩訶《まか》般若《はんにゃ》波羅蜜多《はらみた》心経《しんぎょう》
観自在《かんじざい》菩薩《ぼさつ》。行深《ぎょうじん》般若《はんにゃ》波羅蜜多《はらみた》時《じ》。照見《しょうけん》五蘊《ごうん》皆空《かいくう》度《ど》一切《いっさい》苦厄《くやく》。

観自在菩薩が、般若の智慧の完成に至る瞑想にいそしんでいる時、あらゆるものは空であると見通した。すると身も心も、つまり自分とはいかなるものかを探求するためにお釈迦様が説かれた五蘊も空なのだと分かり、一切の苦しみが消えた。

舎利子《しゃりし》。色不異空《しきふいくう》空不異色《くうふいしき》。色即是空《しきそくぜくう》空即是色《くうそくぜしき》。受想行識《じゅそうぎょうしき》亦復如是《やくぶにょぜ》。

そこで舎利弗《しゃりほつ》尊者に、その瞑想で見抜いた境地を申し上げた。「この身体も含め形あるものが、どのように生じ、存在しているのかを探求すれば、それ自身で生まれ出たわけではなく、他の原因と条件により生じ絶えず移ろいゆく、空に他ならない。また、空なるもののあり方により、形あるものは存在せしめられている。だから、形あるものは空であり、空だからこそ形あるものは存在できるのです。同様に感受・イメージ・意志・認識など心の働きも、みな空なのです。

舎利子《しゃりし》。是諸法空相《ぜしょほうくうそう》。不生不滅不垢不浄不増不減《ふしょうふめつふくふじょうふぞうふげん》。

空という究極のもののあり方を見る心には、それらが実体あるものとして見えてくることはない。だから生ぜず滅せず。浄もなく不浄もなく。増えることもなく減ることもないのです。

是故空中《ぜこくうちゅう》。無色無受想行識《むしきむじゅそうぎょうしき》。

この故に、すべてのものを空と見抜いた境地にあっては、形あるものも、感受・イメージ・意志・認識など心の働きも固有の実体あるものとして捉えることはない。

無眼耳鼻舌身意《むげんにびぜっしんに》。無色声香味触法《むしきしょうこうみしょくほう》。無眼界乃至無意識界《むげんかいないしむいしきかい》。

同様に、身近な周りとの分析から、この世界を把握する手立てとして説かれた六つの感覚器官（眼・耳・鼻・舌・身・意）も、それらに捉えられる六つの対象も、またそれらが触れることでその対象を理解識別する六つの心（これらを十二処十八界という）も、それらを固有の実体あるものとして見ることがない。

無《む》無《む》明《みょう》亦《やく》無《む》無《む》明《みょう》尽《じん》。乃《ない》至《し》無《む》老《ろう》死《し》亦《やく》無《む》老《ろう》死《し》尽《じん》。

さらには、六道輪廻の世界に生死を繰り返し苦しむ私たちの、その因果を説く十二の因縁も、その逆のプロセスによってさとりに至る十二の因縁も、それぞれそれらの固有の実体は存在しない。

無《む》苦《く》集《しゅう》滅《めつ》道《どう》。無《む》智《ち》亦《やく》無《む》得《とく》。

そして、人々をさとりの道へ導く四つの聖なる真実（四《し》聖《しょう》諦《たい》）、つまり現実を直視してその因果を見きわめ、私たちの生きる目標とは何か、どう生きればよいかを明らかにした教えさえも、空を直接的に体験している心にはあてはまらない。さらにそれらの実践による智慧も、それを獲得することもないのです。

以《い》無《む》所《しょ》得《とく》故《こ》。菩《ぼ》提《だい》薩《さっ》埵《た》。依《え》般《はん》若《にゃ》波《は》羅《ら》蜜《み》多《た》故《こ》。心《しん》無《む》罣《けい》礙《げ》無《む》罣《けい》礙《げ》故《こ》。無《む》有《う》恐《く》怖《ふ》遠《おん》離《り》一《いっ》切《さい》顛《てん》倒《どう》夢《む》想《そう》。究《く》竟《ぎょう》涅《ね》槃《はん》。

いかなるものも実体あるものとして捉えることがない、すなわち言葉による概念の世界をも越えているので、菩薩は智慧の完成に導く瞑想を成就し、心に妨げなく、恐れがない。迷いを生じることもなく、最高のさとりに安らいでいる。

三世諸仏《さんぜしょぶつ》。依般若波羅蜜多故《えはんにゃはらみたこ》。得阿耨多羅三藐三菩提《とくあのくたらさんみゃくさんぼだい》。

過去現在未来の諸仏もこの般若の智慧の完成に至る瞑想によって、無上なる最高の正しいさとりを獲得したといわれるのです。

故知般若波羅蜜多《こちはんにゃはらみた》。是大神呪《ぜだいじんしゅ》。是大明呪《ぜだいみょうしゅ》。是無上呪《ぜむじょうしゅ》。是無等等呪《ぜむとうどうしゅ》。能除一切苦《のうじょいっさいく》。真実不虚《しんじつふこ》。故説般若波羅蜜多呪《こせつはんにゃはらみたしゅ》。

その故に智慧の完成は大いなる真言なのです。大いなる智慧の真言、無上なる真言、並ぶべきものなき真言。一切の苦しみを除く空しからざる真実語。ここに示した階梯を学び、思惟し、瞑想して、人は智慧の完成に至るでありましょう。

即説呪曰《そくせつしゅわっ》
羯諦羯諦《ぎゃていぎゃてい》　波羅羯諦《はらぎゃてい》　波羅僧羯諦《はらそうぎゃてい》　菩提薩婆訶《ぼじそわか》
般若心経《はんにゃしんぎょう》

その真言に曰く、

『行け（ガテー）、行け（ガテー）、彼方に行け（パーラガテー）、真実の彼方に行け（パーラサンガテー）、さとりに（ボーディ）至れ（スヴァーハー）』」

般若の智慧の完成に直結する教え

〈解説〉

すべては空なり

物事を見るとき、誰もがその本質を見定めることなく、勝手な先入観を持ち、レッテルを貼って見ていることでしょう。そして、それを見ている私という尊い存在があるとも。しかし、すべてのものは他のものを原因としてある条件のもとで結果し移ろいゆく、不確かな幻のような存在に過ぎません。そのものだけで成り立っておらず、他によって存在せしめられています。だから、それ自体の固有の実体はないのです。

そのような物事のあり方を空といい、私という存在も空なのです。はたして、どこに恒常不変の私などというものがあるでしょうか。その空にすぎないものを真実なる自己と妄想し、私たちは様々な悩み苦しみを生じさせています。

そしてそもそも、その苦しみを滅するために、お釈迦様は様々な教説を説かれたのです。しかし、後世の部派教団の一部の学僧らはそれらを煩瑣な仏教哲学に変貌させ、その教説の諸法を実在と主張しました。そこで、般若経は、ことごとくそれら諸法も空である、固有の実体などないと説いたのでした。

お釈迦様の根本教説

『般若心経』で無と否定されたかのように見えるお釈迦様の根本教説についても、五蘊と同様に空という究極のもののあり方を見る心には、もはや固有の実体あるものとして捉えることはないと説いていているに過ぎません。

五蘊は、私とは何であるか、それは四つの心の作用と体という形あるものとがあわさったものだということです。眼耳鼻舌身意などの十二処十八界という教えは、神のような普遍的な存在、絶対者を立てることなく、身近な周りの分析から、仏教徒の世界観を把握する手立てとして説かれたものです。十二の因縁は、六道の中に輪廻を繰り返し苦しみに至る私たちの心のその原因と結果を解明し、その逆のプロセスによって悟りに至る仏教徒の歩み方を明らかにしています。苦集滅道の教え・四聖諦は、現実を直視してその因果を見きわめ、私たちの生きる目標とは何か、どう生きればよいのかを明らかにした教えです。どれも仏教徒が学び、思惟し、瞑想して空を体得するための大切な教えです。

智慧の完成は真言

ところで『般若心経』は、般若経を背景として、その綱要化が進む五、六世紀に成立したといわれます。その頃インドでは密教が流行し、その影響から、「智慧の完成は大いなる真言である」というフレーズが採用されたのでしょう。それは、智慧の完成に至るためには、言葉の概念世界を越える必要があることを示唆しています。

この真言は古来様々な訳がなされていますが、『行け行け……』と解釈することによって、観自在という特別な菩薩の境地を開陳するだけでなく、それを読む人誰もがさとりに向かって精進することを督励《とくれい》する言葉として受け取ることが出来ます。

さとりこそ生きる目標

この世はすべて移ろいゆく。大事だと思っていた家も財産も、そして自分自身も何もかもがみな空なのです。『般若心経』は、お釈迦様の初転法輪からの根本教説を明示し臆念させつつ、空なるものからの執着を解き、すべてをありのままに見て、とらわれず迷わず、最高のさとりのために生きよ、と教えられているのです。

Ⅲ 仏教余話

『千の風になって』の誤解

『千の風になって』は、アメリカで話題となった『Do not stand at my grave and weep』に、小説家の新井満氏が訳詩を手がけ、自ら作曲して広く知られるようになりました。原詩の作者は不明だそうで、アメリカ女性Mary Fryeが友人のMargaret Schwarzkopfのために書いた詩がもとになっているともいわれています。

また、この歌はナチスドイツから逃げてきた亡命者がナチスドイツに残してきた母の訃報を知り悲しむ親友を慰めるために作ったという説もあるようです。いずれにせよ、9・11同時多発テロの犠牲者追悼式でも唱えられ、またJR福知山線脱線事故など様々な犠牲者の遺族を慰める曲として社会現象にもなりました。

そして、この曲が一人歩きして宗教界、特に仏教界に一つの波紋を投げかけました。

中外日報平成十九年五月八日付社説「千の風の曲が宗教界に響く時」には、「死者は墓にいないで風になっているというのだから、葬儀の脱宗教化と、どう結びつくであろうか」とありました。

また、ある宗派の研究機関の問題提起として「仏教が弘まっているはずの日本で『千の風になって』

が注目されているのは仏教の教えが理解されていない、支持されていないということでしょうか」とも記されていました。

短いコメントなので、その真意が計りかねるのですが、日本仏教として、お墓と亡くなった人とがどうあると考えるのかがはっきり示されていませんでした。理論と実際が相違しているのであろうかとも思えます。

それぞれに宗派によっても考え方が違い、それぞれ僧侶も考え、思いが違うのではないでしょうか。そこには、宗派の教えばかりを重んじ、本来の仏教教理の根本が疎かにされがちな今日の現状を露呈しているようにも感じます。

後日、仏教懇話会でこの話題が話し合われました。石仏の取り扱いに触れたときに、この「『千の風になって』の歌詞にあるように、亡くなった人はお墓にはいないのですから……」というと、一人の方から「お墓に亡くなった人は居ないんですか？」と問われました。

これまでにも、懇話会ではお墓の話をしてきているので、皆さん理解されているだろうと思っていたのですが、ことはそう簡単ではないと、この時了解しました。小さいときから、ご先祖様に会いに行こうとか、お墓に参って静かにお眠り下さいと念じてきた思いは、そう簡単には払拭されないということなのでしょう。

また、近くの知人が来てこんなことをいっていました。「これまでお墓参りして馬鹿を見たわ、

『千の風になって』で、お墓に私はいませんって歌っているのに」と。川柳でもこの手の笑い話があるそうで、お墓に亡くなった人がいないのだから、墓参りをしないよい口実ができたというものだそうです。

はたして、このような理解でよいのでしょうか。『千の風になって』に歌われているから、お墓に亡くなった人がいないのだから、お墓にも参る必要もないとは、実に現代的な割り切り方ともいえます。歌にうたわれていると、その通りだと思ってしまうことも、余りにも短絡的過ぎるといえるでしょう。

それでは、仏教的にどのように解釈すべきなのか、まず、亡くなった人がお墓にいるとはどのようなことなのでしょうか。お墓に亡くなった人の心がおられるということは、仏教では生きとし生けるものは死後六道に輪廻するとしているのに、転生できずにこの世に未練を残したまま、浮遊霊、地縛霊としてとどまっているということであろうと思われます。亡くなった人は、四十九日後までには来世に行かれているのですから、お墓にはいないのが本来ではないかと思います。もしも、亡くなった人は皆成仏する、浄土に往生するというなら、なおのことお墓になど居るはずがないことになります。

私たちは、この身体が自分だと思いこんでいます。だから、亡くなった人もその遺骨がその人だと思ってしまうのではないでしょうか。私たちはこの身体をもらって、生きているだけで、身体の寿命が終えたら、脱ぎ捨てて、来世に行かねばならないのです。

では、お墓にいるからお参りが必要で、いないならお墓参りは必要ないのでしょうか。お墓とは、亡くなった人に仏塔建立の功徳をささげ、その功徳を回向するために建立するのです。ですから、亡くなった人がお墓にいなくても、足繁く墓に参り灯明線香花を供えて荘厳し、その功徳を来世に赴いた故人に、前世の家族として感謝の心をこめて回向してあげることは大事なことなのです。

また、亡くなった人が、風になったり、雪になったりする歌詞に反響があったことで、あたかもアミニズム（自然精霊崇拝）が支持されたごとくに解する人もあるようです。しかし、その部分は、あくまでも突然家族を亡くし心傷ついた人が、亡くなった家族が身近にいてくれるのだと思い心癒すための設定と理解してはいかがでしょうか。

いずれにせよ、死をタブー視することなく、人の生と死ということが、この『千の風になって』が流行することによって、普通に話題にのぼるようになったことは歓迎すべきことではないかと思います。

家庭内暴力の話

随分前に家庭の悩みを相談された方と先日改めて会う機会がありました。その方の悩みというのは、一言でいえば家庭内暴力ということになるのでしょうか。体格が良かったこともあり、息子さんが中学生なのに盛り場に行ったり賭け事をしたりしていて、そのことが親に知れたことから、突然暴力を振るい罵声を浴びせるような子になってしまったのだということでした。

遅くに生まれた一人っ子だったこともあり、かわいいかわいいとわがままに育てたことがあだになったのだろうか。小学生のころはサッカーをしたりお父さんと一緒に過ごす時間が多かったために、お母さんとのコミュニケーションが少なかったからなのでしょうか。

など思い当たることをいろいろと話されたことが記憶にあるのですが、とにかくその頃が一番の修羅場だったと振り返っておられました。自殺したいような毎日だったともいわれました。実の子と角を突き合わせるような毎日。何かというとすぐ手が出て格闘する日々。向かってくるとこちらも負けてはいけないと思って立ち向かっていったのだそうです。

しかし、そうしている間は何も変わらなかったといいます。何とかこの子の気持ちを素直に、こちらの気持ちも分からせる手だてはないか。そう考え続けていたある日、これではだめなんだ、俺はあの子のおやじなんだ、と気づいたとのことでした。

おやじなんだからこの子のことは何でも許してやろう、自分が試されていたんだ、自分が分かってあげなければ誰がこの子を理解できるだろう、怒鳴り散らす言葉に反応することなくそのつらさ苦しみを分かってあげなければ、と思ったといいます。そして大きな気持ちで受け止めて上げなければと思えるようになったとき、一皮一皮薄皮をはぐように息子さんは少しずつ穏やかになっていったのだそうです。

それでも時には荒々しい言葉で怒鳴ってきても、なるべくやさしく「お父さんはこれこれが正しいと思う」というようにしたのだといいます。それに対していい返してきても自分の話を耳に入れているのだと信じていい続けたのだそうです。

そうした日々を続けて高校へも入り、そして卒業して、いまでは立派に社会人になって、お父さんお母さんと一緒に生活を続けているとのことでした。

この話は、怒りの心のエネルギーは相手の反発を招き怒りを募らせるが、やさしい慈愛の心は相手に浸透し無限に広がって行くことをそのままにあらわしているようです。

普段穏やかにしていても、いつ怒りの気持ちが出てくるとも限りません。私たちも誰に対しても常に優しい心であるよう気をつけていたいと思います。

宗教の眼目

——ある新興宗教の話題から

あるお宅の若奥さんから、新興宗教について問われました。盛んに近くの知り合いから誘われるがどうしたものかというご相談です。

それは、開祖がかつて荒行をして霊感を得てから人を見るようになり、信者を拡大している有名な団体の一つでした。それほど大きな問題を起こしている新興宗教ではないのですが、霊能者になるための修行をさせて地位を与え、霊能者は信者の相談事に様々な細かな指示、アドバイスを与えていくのです。終いには、信者たちを霊能者に指図されなければ何も出来ないような状態にしてしまいます。そして、すべて教団の思いのままに信者を動かしていくようになっていくのです。

実際に、私の友人から直接聞いた話ですが、結婚まで考えていた女性がこの団体に誘われ入会し、友人が正式に入会することを拒むと、結局、霊能者に反対され、結婚を諦めることになったケースがあります。

宗教とは、物を考えられなくなる人間を作り出すためにあるのではありません。本来はその逆で、正しい教えに基づいて、自らのしっかりした、冷静な、理知的な、理性的な判断が出来るよううに導くものであらねばならないのです。何かあると誰かに聞かねば判断できないということでは、宗教の意味がありません。

様々な問題を起こしているキリスト教系の新興宗教の場合も、教祖のいいなりになるような人間をつくり、本来の宗教を逸脱した目的のために人を動かすことが目的であるかのようなお粗末な内容だったようです。

人は自ら悩み、苦しみ、葛藤することから解放されると、とても楽になります。自分を責めさいなむような事柄があっても、それを先祖や他の霊の仕業であるかのように信じこませて本人の自責の念を拭うことで楽になったりもいたします。

誰かが指図してくれる、それに随っていれば安らいでいられるという安逸の中にいる快感に囚われてしまうと、その中に逃げ込み、外の世界を必要としなくなってしまうこともあるでしょう。外の世界の事々を全否定して、安楽な世界にどっぷりと浸る心地よさだけに我を忘れてしまいます。しかし、そんな白日夢のような状態に浸ることが宗教ではありません。

宗教とは本来、この現実の世界を目をこらして良く見て、その本質に迫り、その醜さ、汚さ、いやらしさを現実のものとして受け入れ、その根本的な原因を探り、本来如何にあるべきかと自ら煩悶《はんもん》し、葛藤し、格闘することではないかと思います。誰かにこうしなさいといわれて、その通り行うことが宗教であるはずがないのです。自己思考力、判断力、行動力を喪失させることが宗教であってはなりません。

私たちは、自ら、悩み、苦しみ、もだえながら人として成長していくのではないでしょうか。暗闇の中をそうして歩くとき、灯りをともすがごとく、考え方の姿勢、何を大切にすべきか、私たちの理想とは何かを指し示してくれるもの、歩むべき道筋を指し示してくれるものが宗教ではないかと思います。私たちは、一人苦しむことから逃げてはいけないのです。苦しむことから学ぶことを放棄してはいけないのだと思います。

霊の話

最近お祖父さんが亡くなられた家で、家の二階に何か感じる、何かおかしい、猫も二階に上がろうとしないなどと相談に来られた方があります。身体の寿命を終えても四十九日の間私たちと同じこの三次元の空間にまだ心はおられるのですから、怖がることはありません。多分お祖父さんがまだ見守っているのでしょう。そういうと安心してお帰りになりました。

霊の話イコール怖い話ということになって、昔こんな事があった、と背筋の凍るようなと表現される話は霊が取り憑いたりする話と相場が決まっているようです。しかし、悪さをする、人にたたる霊というのはどうも私たちの恐怖心が作り上げた妄想に過ぎないのではないかと私は思っています。

このあたりのことを、つまりこの霊の問題を本来仏教ではどう考えているのでしょうか。南方仏教の常用経典の一つ『ラタナ・スッタ（宝経）』[1]は、お釈迦様が霊たちに説法するお経として有名です。この経典の中では、ブータ（bhūta）という言葉が使われています。ブータとは、「存在せるもの、生類、鬼神、鬼類」とパーリ語辞書にあります。パ英辞書では「ghost」とあります。

つまり、幽霊、亡霊、幻影のこと。また、現代ヒンディ語でブータは、「死霊、悪魔、死体」という意味で使われます。

以前インドのサールナートにいる頃、晩に子供たちが何か暗闇に白いものが見えたといって騒いでいたことを思い出します。その時子供たちが使っていたのがこのブータという言葉でした。つまり、私たちもよく分からずに実体が分からないままによく口にする霊という言葉と同じように使われるようでした。

そのブータ、霊たちに対して、お釈迦様があなたたちは幸せであれ、あなたたちは人間を護り給えと教え諭すのです。なぜなら人々こそ、あなたたちに供物を捧げているではないか。そして、慈しみを人々にたれよ、とこのお経は説いています。

さらに、人間界天上界におけるどんな宝よりもすぐれたものは如来に他ならない、その如来が得た煩悩の滅尽、離貪《りとん》、不死の法に等しいものはない。善人によって称讃される聖者たち、弟子たちは供養を受けるに値し、彼らに施したものは大きな果報をもたらす。僧におけるこの宝こそ勝れた宝であるとあり、さとりの階梯に従ってそれがいかなるものかを示し、なにが勝れているのかを説き、あなたたち霊も努力しなさいと諭しています。

最後に、ここに集まった地上や空中の霊たちが、神々や人間に尊敬されるように、このようにさとりを成就した仏、法、僧を礼拝し、幸せであれ、とお経が締めくくられています。霊が仏法僧に対して幸せでありますように、と唱える文句で終わっているのです。

霊とはそうしたものたちであるべき存在だ、ということでありましょう。仏教という尊い教えを守り、日々心を清めようと努力する人たちには霊たちも幸せであって欲しいと思い、より良くあるべく見守ってくれる、ということではないかと思います。

逆に、自分一人だけ良くあればいい、他の人たちがどうあっても知らぬ存ぜぬ、自分の利益、利権だけを主張するようなけちんぼな者たちには霊たちは何をするか分からないということなのかもしれません。恨み辛み、他の者たちの不幸をものともせず利を貪る、嫉妬の根性で生きている者たちは気をつけよ。そう警告するお経なのかもしれません。

霊、霊たちとここまで書いてきました。その霊のことを神々と訳す翻訳(2)があります。それは、この経典の説く霊とは神なのだということですが、天界に生まれるような良い生き方をされた人の死後生まれ変わった存在を指しているのでしょう。

そうした良い霊、尊敬に値する霊に私たちは周りにあって欲しいものだと思います。その為には、私たち自身の心がその霊の心に叶うものでなければならないということでもあります。良いそうした霊にそっぽを向かれるような心で生きているのであれば、良い霊は離れていってしまいます。類は友を呼ぶといいますが、類は霊を呼ぶともいえそうです。嫉妬、怨み、貪りの心で生きている人にはそうした心にかなった薄汚い霊が取り憑くのでしょう。

私たちを幸せに導き、さらに幸せに向かわせてくれる、そうした良い霊が周りにいて、しっかりお守り下さるようなきれいな心、慈しみの心を常に心がけたいものだと思います。そうすれば暗闇に白いものを目撃しても何も恐れることはない強い心でいられるはずなのです。

そして仏教の教えに生きていたら、本当は霊のことに気遣うこともなく、何も恐れることはない、霊に頼ることもない、ということになるのだと思います。だから仏教とは本来、そうした霊の存在を超越した教えなのだといえるのです。

(1) 宝経、アルボムッレ・スマナサーラ長老『宝経法話』日本テーラワーダ仏教協会、参照。
(2) ウ・ウェープッラ『南方仏教基本聖典』中山書房仏書林、一七頁参照。

倍音読経 ―天界の音楽を聴こう

読経について話をするときには、一人で唱えるときも多人数で唱えるときも一つのお経を唱えているという気持ちで、周りの声に耳を澄まし、声を合わせて雨だれが落ちるようなテンポで唱えて下さいと申し上げます。そして、必ず高野山の専修学院での体験を話しています。

もう二十年あまり前のことではありますが、高野山の僧侶養成の道場である専修学院に学んでいたときのことです。全寮制で八十人からの様々な年齢の得度しただけの僧侶が入学し、白衣の上に黒衣を着て白袈裟を掛けた姿で、朝は本堂、夕方には持仏堂の広間で勤行を行っていました。

四月に入寮して二、三ヶ月の頃、夕勤《ゆうごん》を広間で四十人四十人が向かい合わせて坐り、習いたての経を読んでいると、何やら女の人の声のようにとても甲《かん》高い声が聞こえてきたのです。何事かと思って目を上げても何も変わったことはありません。すると暫くして銅鑼や笛や太鼓の音が聞こえてきました。何ともそれが心地よく、まるで天界の音楽を奏でているような昂揚《こうよう》した心地がしたものです。

小一時間のお勤めが終わると季候が良いこともありましたが、顔が火照《ほて》っているような感じがする上に身体の疲れがスッキリ取れたように身が軽いのです。そんな不思議な感覚を味わいました。周りの何人かもそんな法悦を味わったかのようにいい顔でいるので聞いてみると、同じように不思議な音を聞いたといっていました。

これは決して誰かが素っ頓狂に馬鹿高い声を出したわけではないのです。ご承知のように音は波動であり、低い声の男の人だけの読経であっても、その声の音がきれいにそろうとその波が共振して突如として倍音《ばいおん》という、それまでの波形を突き抜けた波となることがあります。それは誠に高い音として聞こえては来るけれども決して聞きにくい音ではなくて、きれいな清音です。

その後東京にいる頃、五反田でデバインヨガクラブという教室を開いていた成瀬雅春氏にヨガを習っていたことがあります。成瀬氏はインドのリシケシで修行された本物の行者さんで、気功やイスラムの修行者であるスーフィーの研究や、ここでいう倍音についてもかなりの研鑽を重ね、「倍音声明《ばいおんしょうみょう》」と銘打って、講習会や体験会をされていました。

神奈川県の田谷の洞窟での体験会に参加したことがあります。その洞窟は、田谷山瑜伽洞《たやさんゆがどう》といい、横浜市栄区田谷町に位置する真言宗定泉寺境内にありました。東京近郊の人工洞窟としては比べるもの無い規模と内容を誇り、洞窟内の公開されている順路は五百メートル弱もあります。

そこで何人くらいの参加者がいたでしょうか、思い思いに坐り、低く母音を唱えていきました。ウー、オー、アー、エー、イー、と順に唱えます。ウーと唱えると、肛門の少し前の会陰部《えいんぶ》が振動します。オーと唱えると臍の少し下の丹田《たんでん》が、アーと唱えると心臓が、エーと唱えると喉が、そしてイーと唱えると頭頂が振動するのです。

私たちのホルモンの分泌する主要な箇所がこうして母音を低く唱えることで活性するといいます。それを大勢ですると音が共振して倍音が深くそれらの箇所、つまりチャクラ(1)とインドでいわれるエネルギー帯が活発化して誠に心地よく、全身がリフレッシュするのです。

この田谷の洞窟での体験会では、誠に素晴らしい音の世界、まさに天界の音楽を聴く不思議を体験することができました。同様に仏教音楽である声明《しょうみょう》も、おそらく、一様に経文の母音を長く抑揚を付けて唱えるところに、この倍音声明と同じ音の不思議を体験させ、唱える者も聞く者も共に仏の世界に誘うことがその深秘としてあるのであろうと思います。

(1)チャクラとは、車輪、輪を意味する言葉で、因みに、ダルマチャクラというと法輪を意味する。ここでは人体内の霊的エネルギー・センターのことで、人体内に主要なチャクラは脊椎最下部、丹田、臍、心臓、喉、眉間、頭頂の七カ所にあるという。

断食に学ぶ

ある年の冬のこと、咳が出て喉が腫れ、風邪の兆候から喘息を引き起こし、数日一日中咳が止まらないほどのしんどい思いをしました。これまでなら医者に行き、薬をもらって栄養を補給して養生するところでしたが、一昨年からのこの繰り返しに何かもどかしい思いがありました。

明日にはやはり医者に行かねばと思っていた晩、食膳を前になぜかこの食事も薬も摂らなければ良くなるのではないかという思いを抱きました。別にその食事の内容が悪かったからではありません。ただ断食することによって治るのでないかという、漠然としたインスピレーションに過ぎなかったのです。

ですが、実際次の朝には嘘のように喉が楽になっていました。その日も一日何も食べなかったら、二日目の朝にはすっかり体も楽になって時折咳が出る程度まで回復していました。熱っぽかった体も楽になり喉の腫れも引いていました。

実は、かつて高野山で百日間の四度加行《しどけぎょう》中に、やはり最後の一週間を前に同じような症状に見舞われて、それでも以前から決めていた一週間の断食を行ったことがあります。体力が持つかと心配されたものの、そこまでの段階でも朝昼の二食にしていましたが、全く食べなくなってから の方が体が楽になり、喉の腫れや咳も収まり、結局難なく一週間を乗り切りました。

その時、人間は食べなくては生きられないものの、この食事による食べ物の消化吸収に大変なエネルギーを消費してもいるのだということが分かりました。断食中、横になって目を閉じているとり周りで何が起こっているかということが知らず知らずのうちに分かり、人の足音にその人の顔が思い浮かぶということもありました。食べないでいると食べることに普段使われているエネルギーが精神面に向いて不思議なことがいろいろと起こるようでした。

勿論、そんなことを思い出してこの時断食したのではなかったのです。実は、その前年、地元の文化会館で、楽健法《らっけんほう》という足踏みマッサージ法の創始者で、またプロの役者として芝居をなさっている奈良桜井市東光寺の住職山内宥厳《やまのうちゆうげん》先生の一人芝居「がらんどうはうたう」を拝見しました。

その内容が私には、正に聴衆の心の中にジリジリと迫り訴えかける説法そのものと思われました。公演後ご挨拶させてもらったのですが、その時、ご自身も喘息を患われた経験から、食を細くするようになどいくつかのアドバイスを頂いていたのでした。

この度の経験は、病気というのは薬と栄養を摂って養生するものという思い込みや常識の逆を行うことではありましたが、本来仏教とは世間の常識の逆を語るものであったということに改めて気づかされました。

私たちは誰もが健康で長生きをしたいのであって、その為に健康食品を食べたり、栄養のある食材を集めたり、大変な努力を払うわけですが、お釈迦様は、すべては無常だといわれます。みんな誰しも病気にもなるし、いずれ死が訪れるものだと。

また楽をして楽しく暮らしたいと思う私たちに向かって、人生は苦だといわれます。楽しい思いをしている時間としんどい思い、辛い思い、退屈な思い、思い通りにならずに苦しんでいる時間を比較したら、やっぱり苦ばかりではないかと。

いい車に乗り、立派な家に暮らし、上等な服にアクセサリー、何もかにも欲しくなる私たちに向かって、本当は自分の物なんかないよと、みんないずれ失ってしまうのだし、自分と思っている自分自身だって思い通りにならないではないかと。だから執着しなさんなといいます。

勿論だからといって、簡単にお釈迦様のようにさとれるものではありません。しかし、困ったときは思い込みや常識だと思っていることと逆のことをしてみると意外とうまくいくこともあるのかもしれません。何でも鵜呑みにし、世間の物の見方や考えに流され行いがちではありますが、常識を疑ってかかる事も大切なことなのであろうと思います。

にじうおの話

『にじいろのさかな』（マーカス・フィスター作　谷川俊太郎訳　講談社）という絵本がありま す。七色の鱗《うろこ》にキラキラ光る銀色鱗のにじうおが、幸せとは何かを教えてくれる物語です。

にじうおは、はじめは他の魚たちに羨《うらや》まれ自慢げにしてはいるものの、なんとかみんなとうまくやっていました。ところが、あるとき、一匹の小さな魚が「その銀色のキラキラ鱗を一枚くれないか」と頼んだとき、にじうおは思わず激昂して、「何でこの自慢の鱗を君なんかにやらなきゃいけないんだ」といってしまいました。その話は周りの魚たちにたちどころに知られてしまい、それ以来誰も見向きもしないし、近づいてきてもくれなくなってしまいます。

たった一人うらぶれてしまったにじうおは、こんなに自分はきれいなのに、誰よりも立派な魚なのに誰も見てくれないし、寄って来てもくれなきゃ何のための七色とキラキラ鱗なのかと悩み考え込んでしまいます。

ちょうどその時近くを通ったヒトデに、思わずどうしたら良いんだろうと呟くと、僕には分からない、でもずっとむこうの洞窟に賢いタコのお婆さんがいるよと教えてくれました。特別なにかを期待したわけでもないのに、その方向に泳ぎ出して行くにじうお。

その洞窟の前に来ると、どこからともなくタコのお婆さんが現れて、「お前が来るのを待っていたよ」と低い声でいいました。波がおまえのことを知らせてくれたと。そして、「お前の望みを叶えるには、そのキラキラする鱗を一つ誰かにやってみるんだ、そうすればどうすれば幸せになれるか分かるだろう」と、それだけいうと姿を消してしまいました。にじうおはそんな馬鹿な、といおうとしましたが後の祭りでした。

そうして、もとの海に戻っていくと、あの小さな魚が寄ってきて、「にじうお、怒らないで聞いてくれよ、そのキラキラ鱗一番小さなものでいいから一枚くれないか」といいます。にじうおは一番小さなものなら惜しくもないかと思い、あげてみます。するとその小さな魚は小躍りして喜んで泳ぎ去っていきました。それを見ていたにじうおはなぜか自分もうれしくなり、ちょっぴりだけ幸せな気分を味わいます。

するといつの間にか以前近くにいた魚たちが沢山集まってきて、「僕にも一枚くれよ」と頼みだしたのです。にじうおは、一枚、そして一枚と分けてあげました。終いに自分の体にもキラキラ鱗はたった一枚になっていることに気づきました。でもみんなが喜んで泳いでいる姿を見ると自分も本当に幸せな気分になれたのでした。

こんなお話の絵本です。自分一人が良くても幸せになんかなれない、ということを簡単な話の中に良く表現されている児童本。仏教の布施、ないし慈悲の教えにも該当し、幸せとは何かを分かりやすく教えてくれています。スイス人作家による翻訳本ですが、多くの国々で出版され世界的な賞も取っています。

いま、どう生きたらいいのか分からないという人たちがいます。心を病んで家に引きこもる人がいます。ちょうどキラキラ鱗を自慢していたときのにじうおのように思えて仕方がありません。外の世界に自分の持てるものを、能力を少しでも分けてあげたら、別の世界が開け、幸せがどんなものかが分かるのではないでしょうか。

そして親たちやお年寄りには、ここに出てくるタコのお婆さんであって欲しいのです。いつも口うるさく小言をいうことなく、悠然と構えて、いざというときに、待っていたよといって欲しいと思います。

あとがき

いま私たち日本人は、羅針盤を失ったまま小舟で大海を漂流しているような感覚を、誰もが共有しているのではないでしょうか。何をいつの時点から見失ってしまったのか。

聖徳太子の時代から、ずっと仏教が国の礎《いしずえ》として存在していました。政治、経済、思想、道徳、芸術、医学、建築など、ほとんどすべての文明としての要素を仏教から学んできたのです。縁起、平等、寛容、慈悲、共生、三世因果、こうした教えが物の考え方の基礎として尊重され社会を支えてきました。今日では、仏教とは葬式、法事など仏事に限定したものと見なされているようです。が、逆に海外で仏教は、現代人の精神的な病の解消や持続可能な社会を実現する経済思想として注目され、また多民族間の対立を宥和させる思想としても期待されています。

私たちにとっても、先人たちがずっと大切にしてきた仏教を今一度体系的に学び直すことが最も身近で確かな拠り所となるのではないかと思います。

本書「Ⅰ　仏教で生きる」六篇は、仏教とは本来どのような教えなのかということが中心の課題となっています。平成十六年から二十二年まで、求めに応じ各所で行った法話の草稿を元にしています。余談や脱線したところを註で補足いたしました。「Ⅱ　仏教の基本について考える」二十二篇は、様々な仏教の用語に触れながら、本来の意味、いまを生きる私たちにとってどんな意味があるのかということに焦点を置いて執筆しました。ブログ『住職のひとりごと』に投稿した短編に、各々写真を入れて大幅に加筆訂正と註を施しました。一部、月刊誌『大法輪』に掲載された原稿も含まれています。内容に重複する箇所が多々ありますが、それらは特に重要な内容であると御理解御寛恕願えたらありがたく思います。

最後にはなりますが、この世に人として生を受ける縁を結んでくれた父母、僧侶の道へ導き下さった東大和市観音寺浅田哲彦僧正、高野山へ誘って下さった西早稲田放生寺故五島祐康僧正、出家の師・高野山高室院故齋藤興隆前官、インドで再出家の道を開いて下さったサールナート法輪精舎プラッギャラシュミ（後藤惠照）長老、インドの師・ベンガル仏教会総長故ダルマパル大長老、そして備後國分寺へのご縁を頂いた倉敷寶嶋寺釋子哲定僧正、そして入寺晋山させて下さった名誉住職横山宗司大僧正、総代、檀信徒各位、これらの皆様をはじめとして沢山の皆様方のお蔭で私のいまがあることに思いをいたし、深く心より感謝を申し上げます。そして、月刊誌『大法輪』の記事も含め常に原稿執筆に貴重な示唆を与えて下さり、本書を制作するに当たっても多大な助言助力を賜りました大法輪編集長黒神直也氏に厚く御礼申し上げます。

横山　全雄（よこやま　ぜんのう）
　昭和三十五年東京生まれ。高校卒業後日本橋の会社に勤めながら、東京都立大学経済学部二部に学ぶ。この間に仏教書に出会う。八年余りのサラリーマン生活を経て、高野山高室院前官齋藤興隆師の弟子として出家得度。昭和六十三年高野山専修学院卒業、東京西早稲田放生寺役僧。平成元年インド放浪。帰国後禅寺にて接心三度。四国八十八カ所徒歩遍路成満二度。この間東京にて托鉢生活。平成五年インドサールナート法輪精舎に滞在。ベンガル仏教会総長ダルマパル大長老の弟子として南方上座部具足戒を受ける。ベナレス・サンスクリット大学でパーリ語専攻科受講。一時帰国時、平成七年阪神大震災避難所にてボランティア。布教誌『ダンマサーラ』制作。同年コルカタにて雨安居。平成八年捨戒して帰国し、東京深川冬木弁天堂堂守。平成十二年備後國分寺入寺。平成十四年住職。寺報『備後國分寺だより』年三回発行。毎月仏教懇話会、座禅会などを開き現在に至る。仏教雑誌『大法輪』などへ執筆多数。平成十一年ホームページ「ナマステ・ブッダ」、平成十四年「備後國分寺ホームページ」、平成十七年ブログ「住職のひとりごと」開設。

ブッディストという生き方
―「仏教力」に学ぶ

平成24年 6月8日 初版第1刷発行 ©

著　者　横　山　全　雄
発行人　石　原　大　道
印刷所　株式会社　太平印刷社
製　本　株式会社　越後堂製本
発行所　有限会社　大法輪閣
東京都渋谷区東2－5－36　大泉ビル2F
TEL　(03) 5466-1401(代表)
振替　00130-8-19番

ISBN978-4-8046-1336-9　C0015　Printed in Japan